Schaurige Plätze
Baden-Württemberg

Urlaub mit Vollpension und Gespenst (Kapitel 14)

Benedikt Grimmler

SCHAURIGE PLÄTZE
BADEN-WÜRTTEMBERG

Unheimliche Orte und mysteriöse Fälle, die auf wahren Begebenheiten beruhen

↑ Der heilende Friseurmeister (Kapitel 2)
↓ Der rätselhafte Bösewicht (Kapitel 5)
↘ Ein Skelett im Wald (Kapitel 11)

INHALT

Einleitung   8

35 SCHAURIGE PLÄTZE

1 Der Leidensengel   14
Anna Henle in Aichstetten

2 Der heilende Friseurmeister   18
Pietro Tranti in Oberschwaben

3 Der Tod des schwarzen Veri   22
Xaver Hohenleiter in Biberach

4 Mörikes unheimlicher Mitbewohner   26
Das Pfarrhaus in Cleversulzbach

5 Der rätselhafte Bösewicht   30
Das Poppele vom Hohenkrähen

6 Herr und Frau Müller gehen um   34
Die Geistermühle bei Eigeltingen

7 Ein Exorzist auf der Ostalb   36
Johann Josef Gaßner in Ellwangen

8 »Wandrer, flieh!«   42
Die Pestkreuze von Emmingen ob Egg

9 Abergläubische Hexen und falsche Märtyrer   44
Endingen am Kaiserstuhl

10 Dämonische Melkerin   50
Die Milchhexe von Eppingen

11 Ein Skelett im Wald   54
Der Totenmannstein bei Ettlingen

12 Tanz in den Tod 58
Das Haus zum Walfisch in Freiburg

13 Spuk unter dem Mikroskop 62
Das Freiburger Institut für Grenzgebiete
der Psychologie und Psychohygiene

14 Urlaub mit Vollpension und Gespenst 66
Das Hotel Waldlust in Freudenstadt

15 Der gute Geist 70
Schloss Bronnen im Donautal

16 Terror auf dem Bauernhof 74
Der Spuk von Großerlach

17 »… der Unfug der Sara Gayer hat aufgehört« 78
Die Somnambule von Großglattbach

18 Spuk im Geisterdorf 82
Auf dem Friedhof von Gruorn

19 »Simpelhafter Tollkopf« und Gegen-Papst 86
Der Schwarzwälder Prophet Ambros Oschwald

20 Ein unmoralischer Geist(licher) 90
Kenzingen und Wittnau

21 Satansbraten 94
Der Kindermord von Laiz

22 Der Welterbe-Geist 98
Kloster Maulbronn

23 Wunderliches auf der Wiese 102
Das Rasenkreuz von Meggen

24 Hängepartien 104
Die Galgen von Mudau und Triberg

25 Blutige Vergeltung 108
Das Schwedengrab in Mühlheim an der Donau

26 Bender – die frühen Fälle 112
Poltergeister in Neusatz und Neudorf

↑ Der Welterbe-Geist (Kapitel 22)
↗ Kerners unheimliche Gäste (Kapitel 33)

27	**Schwarze Lies contra Malefizschenk** Elisabetha Gassner in Oberdischingen	116
28	**Gespaltene Gespenster** Die Geisterhöhle Rechtenstein	120
29	**Handwerk hat goldenen Boden** Josef Weber, der Scharlatan von Schutterwald	124
30	**Die Toilette des Teufels** Faust in Knittlingen und Staufen	128
31	**Die Geister, die wir riefen** Spiritismus in Todtnauberg	132
32	**Der betrogene Alchimist** Laboratorium im Schloss Weikersheim	138
33	**Kerners unheimliche Gäste** Der Geisterturm in Weinsberg	142
34	**Er ist wieder da** Winzingen bei Donzdorf	146
35	**Stigma** Viktoria Hecht aus Wolpertswende	150

Register 157
Impressum 160

EINLEITUNG

»So hörte ich in den verflossenen Nächten oft eine ganz unnachahmliche Berührung meiner Fensterscheiben bei geschlossenen Laden, ein sanftes, doch mächtiges Andrängen an die Laden von außen, mit einem gewissen Sausen in der Luft verbunden, während die übrige, äußere Luft vollkommen regungslos war; ferner schon mehrmals dumpfe Schütterungen auf dem obern Boden, als ginge dort jemand, oder als würde ein schwerer Kasten geruckt.«

Es war nur einer von vielen Vorfällen, den niemand Geringeres als der Cleversulzbacher Pfarrer Eduard Mörike im Jahr 1841 in einem Bericht für seinen Freund Justinus Kerner über Vorgänge in seiner Dienstwohnung schilderte, die sich einige Jahre zuvor ereignet hatten und für die er nur eine Erklärung hatte: Im Pfarrhaus des Dorfes spukte es.
Mörike ist der Erfinder einiger der berühmtesten baden-württembergischen Gestalten

Ein Gespenst lädt zum Übernachten ein: Hotel Waldlust. (Kapitel 14)

überirdischer Natur, der Blaubeurer Schönen Lau oder der Geister am Mummelsee, doch hier war er mit ganz anderen, ihn und seine Mitbewohner zugleich faszinierenden und beängstigenden Phänomenen konfrontiert, die nicht der Literatur, der Sagenwelt oder seiner Fantasie entsprangen. Auf deren Spuren wandelte auch seit Jahren sein Freund, der Arzt und Dichterkollege Justinus Kerner in Weinsberg, er war ein eifriger Sammler unerklärlicher Ereignisse, mysteriöser Vorgänge und Berichten über Personen mit rational nicht zu fassenden Fähigkeiten – weshalb er uns in diesem Buch gleich mehrfach begegnen wird.

Denn um beides geht es auch auf den folgenden Seiten: Phänomene, die nicht der Literatur, Sagenwelt und Fantasie von Dichtern entspringen, Berichte über ungeklärte Vorfälle, seltsame Personen mit übernatürlichen Fähigkeiten und mysteriöse Ereignisse, die für Aufsehen sorgten. Was geschildert wird, hat eine reale Grundlage, ist fest mit Orten verbunden und wurde dokumentiert sowie teilweise sogar wissenschaftlich untersucht. Schließlich gibt es hierfür mit dem Institut für Grenzgebiete der Psychologie und Psychohygiene in Freiburg sogar eine zuständige Institution. Manches wurde widerlegt oder zumindest arg in Zweifel gezogen, manches aber nie geklärt oder musste offenbleiben. Leserinnen und Leser dürfen selbst entscheiden, woran und wem sie glauben möchten.

Denn sind nicht viele der Zeugen ähnlich glaubhafter Natur wie ein Mörike – immerhin Geistlicher – oder Kerner? Und nicht alles liegt weit zurück, in vermeintlich abergläubischen Zeiten. Höhepunkte an Geistererscheinungen finden sich im 19. Jahrhundert, aber bis weit in die Gegenwart hatten und haben neuere Phänomene wie das Auftreten von Heilern, Hellsichtigen und Visionären Konjunktur, als Radio, TV und Presse sich längst etabliert hatten. Die Religion in teils bizarren Formen spielt ebenfalls über alle Jahrhunderte eine einflussreiche Rolle. Und mancher wird sich bei der Lektüre wundern, wie häufig Geistliche auftreten – und zwar keineswegs nur als neutrale Beobachter wie Mörike oder herbeigerufene Hilfe gegen Hexen, den Teufel oder einen Spuk. Gerade die Vertreter Gottes auf Erden, insbesondere die katholischen, tauchen nicht selten in äußerst zwielichtiger Form auf, als Exorzisten, Sektenführer oder eben selbst als Gespenst mit unlauteren Absichten.

Das oft als etwas bieder, von braven schwäbischen Häuslebauern und gemütlichen Badenern wahrgenommene Ländle hat eine dunkle Seite, auf der sich allerhand wenig brave und gar nicht gutmütige, ja sogar bösartige und betrügerische Gestalten tummeln. Ob in Nordbaden oder dem Markgräflerland, im Schwarzwald oder dem oberschwäbischen Allgäu, dem fränkischen Taubertal oder auf der Schwäbischen Alb, das Unheimliche lauert an jeder Ecke. In klassischen Spukorten wie Klöstern, Burgen und Kirchen, aber auch Hotels, Geisterdörfern und unscheinbaren Wohnungen. Alchi-

Hierher kam man sehr gern – früher: Waldbad Baienfurt (Kapitel 2)

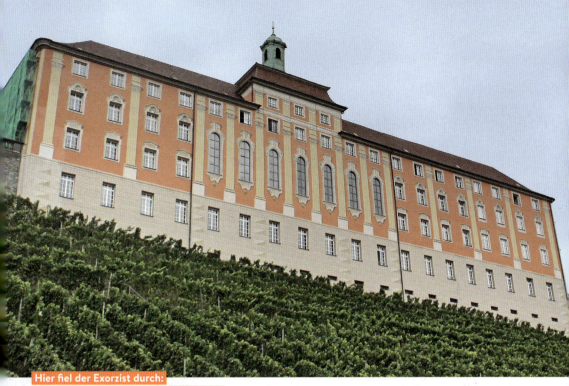

Hier fiel der Exorzist durch:
Bischofsresidenz Meersburg. (Kapitel 7)

misten und Geistheiler, Scharlatane und Propheten, Untote und Straßenräuber, Poltergeister und Hexen treiben gleich nebenan ihr Unwesen.
Wie Mörike fühlen auch wir das Faszinierende und das Beängstigende der Spukgestalten und schwer zu fassenden Phänomene, die um uns herum vorgehen. Natürlich sind wir neugierig, was dahintersteckt, beruhigt, wenn sich eine ganz schlichte, alles in Wohlgefallen auflösende Erklärung findet. Was aber, wenn nicht? Stellt sich nur wohliger Grusel ein, werden wir unsicher? Streiten wir alles ab, weil es nicht sein kann? Machen Sie sich selbst ein Bild von den schaurigen Orten, lesen Sie die unheimlichen Geschichten und suchen Sie die Stätten auf, um Ihre eigenen Erfahrungen zu machen und Ihre Schlüsse zu ziehen. Wer weiß, wer oder was Ihnen dort begegnet?

Noch kurz ein paar praktische Hinweise: Die Kapitel enden jeweils in einer von drei zusätzlichen Tipps der Kategorie »Das Gespenst nebenan«, »Unheimliche Begegnung der anderen Art« und »Erholung vom Grusel«. Ersteres erklärt sich von selbst, in den »Begegnungen« geht es um weiterführende Lektüre, ein unheimliches Gebäude oder Ereignis in der Nähe, »Erholung« dagegen verspricht ein spannender Ort in der Nähe, der ausnahmsweise nicht von Geistern oder schaurigen Vorfällen geplagt wird. Für gewöhnlich sind die im Buch geschilderten Orte direkt aufsuchbar, allerdings gibt es einige Fälle, die sich auf heute noch oder wieder bewohnte Privatgebäude beziehen. Hier sind die Angaben bewusst vage, um Belästigungen der Privatsphäre zu vermeiden, wofür die Leserinnen und Leser sicher Verständnis haben werden.

Gerichtsurteil über den Teufel als Täter:
Schloss Sigmaringen (Kapitel 21)

1
DER LEIDENSENGEL

Anna Henle in Aichstetten

Visionen, Wundmale, Tau vom Himmel – Anna Henle soll schon in jungen Jahren von Gott auserwählt worden sein. Doch vieles im Leben der Allgäuerin ist eher mysteriös statt mystisch.

Aichstetten, Landkreis Ravensburg (RV) **Ort** Kirchstr. 5, 88317 Aichstetten **GPS** 47.895353, 10.079376 **Anfahrt** Bahnhof Aichstetten (RE Lindau–München) A 96, Ausfahrt Aichstetten

Die Grabstätte der Familie Henle in Aichstetten, geschmückt von Verehrern

EIN SELTSAMES KIND – 1870 war ein sehr wichtiges Jahr für das Dorf Aichstetten im Allgäu nahe der bayerischen Grenze. Nach mehreren Jahren Bauzeit war die neue Pfarrkirche so weit fertig, dass der zuständige Bischof im Herbst zu Besuch kam, um sie feierlich einzuweihen. Natürlich gab es ein großes Fest, gleichwohl war es keine einfache Zeit für Katholiken, erste Wogen des Kulturkampfes insbesondere in Bayern und in Baden waren hochgeschlagen, das Schlimmste, ausgelöst von der Regierung des unter Preußen vereinten Deutschen Reiches mit Bismarck an der Spitze, sollte aber noch kommen. Umso mehr blühten unter den Gläubigen verschiedene Formen der Frömmigkeit verstärkt auf, teils im traditionellen Rahmen – Wallfahrten oder das Aufstellen von Kreuzen und Bildstöcken –, teils über diesen hinaus. So erlebten Marienvisionen eine erstaunliche Konjunktur, die Gottesmutter schien besonders in Deutschland ein starkes Mitteilungsbedürfnis zu haben – nicht verwunderlich angesichts der tatsächlichen und gefühlten Bedrohung der Gläubigen durch den Staat. In Rottenburg, dem Sitz der für Aichstetten zuständigen Diözese, war eine Kirchenweihe somit eher eine angenehme Routineangelegenheit, doch auch von dort sollten bald Nachrichten kommen, die Ärger versprachen. Am 28. November 1871 wurde Anna Henle geboren und vermutlich in der im Inneren noch nicht komplett fertigen Pfarrkirche getauft. Dreizehn Jahre später ging die Tochter einer Bäckersfamilie dort zur Ersten Heiligen Kommunion, für jedes Kind ein aufregendes und im katholischen Milieu einschneidendes Erlebnis. Doch der Tag sollte für Anna wenig fröhlich enden, sie wurde schwer krank. Was wie ein bitteres Schicksal klingt, beeindruckte sie jedoch wenig, im Gegenteil. Laut eigener Aussage hatte sie dies selbst so gewollt. Drei Engel seien ihr erschienen, jeder von ihnen trug einen Gegenstand mit sich: einen Blumenkranz, eine Dornenkrone und eine Harfe. Anna wurde aufgefordert zu wählen. Sie entschied sich für die Dornenkrone. Für das Leiden.

EIN SELTSAMES HAUS – Fortan verließ Anna nicht mehr das Bett, geschweige denn ihr Elternhaus in der Nähe des 1889 errichteten Bahnhofes. Das Mädchen litt unter langanhaltenden Lähmungserscheinungen, die sie als Ekstase empfand, in der ihr Visionen zuteilwurden. Oft war sie stundenlang wie weggetreten, nur unter Mühe konnte sie aus diesen Zuständen zurückgeholt werden. Wie

DER LEIDENSENGEL

Anna Henles Grabstein ist sehr schlicht.

von ihr selbst – aufgrund einer Botschaft – angekündigt, zeigten sich bei ihr ab dem sechzehnten Lebensjahr die Wundmale Christi, verbunden mit starken Blutungen und Schmerzen, die sich an bestimmten Tagen steigerten und am Karfreitag, an dem Jesus hingerichtet wurde, ihren Höhepunkt fanden. Diese Stigmata verschwanden allerdings wieder mit 33 Jahren, dem Alter, in dem Christus der Überlieferung nach den Tod fand. Das wurde aufgrund der heftigen Schmerzen auch für Anna Henle befürchtet, doch sie überlebte, die Wundmale seien zudem nicht völlig verschwunden, sondern nur unsichtbar geworden. Die Stigmatisierung war nicht das einzige spektakuläre Ereignis in dem kleinen Häuschen, berühmt wurde Anna Henle vor allem durch die sogenannte himmlische Kommunion und den Himmelstau. Da sie nicht zur Kirche gehen konnte und der zuständige Ortspfarrer nur selten vorbeikam, um ihr die Kommunion zu bringen, mussten dies Engel übernehmen. Während Anna selbst den kompletten Vorgang sah – sprich einen Engel, der zu ihr kam –, erlebten Zuschauer ausschließlich den letzten Moment mit: Sie konnten kurz eine Hostie sehen, die in Annas Mund gelegt wurde. Sie wurde allerdings nicht nur mit dem heiligen Brot versorgt, sondern auch mit einem visionär wahrgenommenen Quellwasser, das ihr die Engel schöpften. Anna trank hiervon – wiederum sichtbar für Beobachter –, Teile der Flüssigkeit aber manifestierten sich als Himmelstau auch auf ihr oder religiösen Gegenständen. Skeptiker, so wird berichtet, fanden dafür keine plausible Erklärung, weder habe es sich um Dunst noch Schweiß oder verspritztes Weihwasser gehandelt. Auch dieses Phänomen ließ mit der Zeit etwas nach, ohne allerdings gänzlich zu versiegen. Allzu viele Zeugen gab es jedoch nie, die Verwandten schränkten den Zugang zu Anna auf ihren Wunsch hin stark ein, sie lebte ziemlich abgeschottet. Ein Besucher jedoch wurde zugelassen. Er war schon erwartet worden.

EIN SELTSAMER PRIESTER – Der elsässische Diakon Josef Busert stand kurz vor der Priesterweihe, als er an Weihnachten 1895 einen lebhaften Traum hatte: Er erhielt durch Vermittlung eines Engels – vorzeitig – die Weihen, um daraufhin im Haus einer Kranken, die er nicht sah, seine erste heilige Messe feiern zu können. Busert war beeindruckt, nahm die Sache aber nicht allzu ernst, schließlich stand im März des kommenden Jahres seine richtige Aufnahme in den Priesterdienst an. Nun geweihter Pfarrer, war er im Sommer auf der Suche nach einem Urlaubsziel, gerne wählte er Wallfahrtsorte. Da sein Augenmerk auf Bayern fiel, wurde er bald stutzig: Auf der von ihm konsultierten Landkarte war ein Ort Aichstetten zu sehen, genau wie in seinem Traum. Alles stimmte: Es gab dort einen Bahnhof, Leutkirch und Memmingen, Städte, von denen er nie gehört hatte, lagen in der Nähe. Neugierig machte sich der Geistliche dorthin auf und stieß auf ein ihm aus seinem Traum bereits bekanntes Häuschen, Anna Henles Unterkunft. Von der Familie wurde er freundlich aufgenommen, da Anna ihn als »Helfer« bereits angekündigt hatte. Er durfte sie sprechen und erbat sich, an Weihnachten wiederkommen zu dürfen. An diesem Fest empfing Anna einmal mehr die himmlische Kommunion, Busert war erstaunt und ergriffen, doch als er die schwebende Hostie sah, richtete er an Anna die Bitte, diese berühren zu dürfen. Kaum in Händen, überfielen ihn Zweifel, da fing die Hostie zu bluten an, besudelte das Ornat des Priesters. Busert war endgültig überzeugt, er würde bis zu seinem Lebensende mit Anna verbunden bleiben – egal, wo er Gottesdienst feierte, ob in Lothringen, auf Wallfahrten oder auf Mission in Indien, Anna war mit ihm, zeigte ihre Anwesenheit durch Himmelstau. Der Leidensengel Anna Henle und der Segenspfarrer Josef Busert, beide Figuren sind nur schwer zu fassen. Besonders der Elsässer ist kaum greifbar, viele der in den spärlichen Informationen zu seiner Biografie genannten Orte scheinen nicht einmal zu existieren. An Anna Henles Existenz immerhin bestehen keine Zweifel. Ihr Grab – sie starb 1950 – ist auf dem Friedhof von Aichstetten zu finden, Blumenschmuck und hinterlassene Devotionalien deuten auf eine weiter vorhandene kleine Verehrerschar hin, selbst Pfarrausflüge finden dorthin statt. Die Kirche – womit wir zum zuständigen Rottenburg zurückkehren – hat den Kult um Anna Henle dagegen nicht offiziell anerkannt.

Das Gespenst nebenan

Trotz des martialischen Namens war der Blutsberg bei Aichstetten weder eine Hinrichtungsstätte noch Ort einer grausamen Schlacht. Grausam sollen jedoch die Bewohner der dortigen Burg gewesen sein, weshalb sie der Sage nach schließlich durch den Fluch eines abgewiesenen heiligen Wandereremiten mit Mann und Maus auf immer im Boden versank. Dementsprechend ist dort von ihr auch kaum mehr etwas zu sehen außer ein paar Gräben und Wällen. Harmlos ist dagegen die Herkunft des Namens, benannt nach einer dort einst wohnenden Bauernfamilie wurde aus dem Blutsch- irgendwann der Blutsberg. Weniger harmlos soll es dagegen an der Stelle der untergegangenen Burg zugehen …

Die damals neue Pfarrkirche von Aichstetten

Im Waldbad Baienfurt empfing Pietro Tranti seine Kundschaft.

2

DER HEILENDE FRIZEURMEISTER

Pietro Tranti in Oberschwaben

Er heilte laut Eigenwerbung Tausende, wurde geachtet und geächtet und löste in einem Nachbarland eine Staatskrise aus. Pietro Tranti war ein typisches Phänomen der Nachkriegszeit und feierte besonders in Oberschwaben große Erfolge.

Baienfurt, Landkreis Ravensburg (RV) **Ort** Waldbad 1, 88255 Baienfurt **GPS** 47.836070, 9.697931 **Anfahrt** Bahnhof Niederbiegen (RB Friedrichshafen-Aulendorf) A96, Ausfahrt Leutkirch

HEILUNG STATT HAARSCHNITT – Die Haare streng nach hinten gegelt, ein adrettes Menjou-Bärtchen auf der Oberlippe, ein exotisch angehauchter, eher an einen Zirkuskünstler erinnernder Name, für uns heute – natürlich auch mit dem Wissen im Nachhinein – wirkt Pietro Tranti geradezu wie die Karikatur eines Schmierenkomödianten. Doch der Eindruck täuscht: Zwar war dieser ein gebürtiger Remscheider, aber der italienische Name war ebenso echt wie sein Ansehen als Friseurmeister und sein Aussehen als Gentleman, an der Seriosität des eleganten Herren hatte im Rheinland niemand Zweifel, im Gegenteil, die Kolleginnen und Kollegen Haarschneider wählten ihn sogar zu ihrem lokalen Standesvertreter. Seit 1949 platzte sein Friseursalon in Düsseldorf schließlich aus allen Nähten. An seiner Kunst mit der Schere lag das allerdings nicht, sondern an einer nächtlichen Vision, die Tranti im April des gleichen Jahres hatte. Von Gott höchstpersönlich ging an ihn der Auftrag, Menschen von ihren Leiden durch Handauflegung zu erlösen. Ein Befehl von ganz oben, dem sich der gläubige Katholik nicht verschloss. Dieses neue Zusatzangebot im Herren- und Damensalon entfaltete schnell breite Wirkung, der Zulauf war enorm. In der Nachkriegszeit existierte offensichtlich ein großes Bedürfnis nach übersinnlicher Tröstung, Invaliden und Kriegsgeschädigte gab es zudem genug, die Sehnsucht nach metaphysischen Tröstungen und die Wundergläubigkeit waren generell hoch. Tranti musste bald zusätzlich komplette Säle anmieten, um des Andrangs Herr zu werden. Weniger Begeisterung zeigten die Behörden, die sich anfangs zwar noch arrangierten, dann aber zunehmend gegen Tranti vorgingen, der als italienischer Staatsbürger in Deutschland keine Erlaubnis für heilpraktische Verfahren erlangen konnte. Seine Beteuerungen, er tue ja niemanden etwas Böses, alle kämen freiwillig zu ihm, er verschreibe weder Tabletten, noch gebe er medizinische Ratschläge, überzeugten nicht. Er erhielt mehrfach Bußgelder, suchte sich deshalb ein neues Territorium.

WALLFAHRTEN ZUM WALDBAD – Im Süden fand er ein dankbares Publikum. Tranti schlug sein neues Hauptquartier in Lindau auf, von wo aus er zahlreiche Reisen ins Umland unternahm, um das ihn schon sehnsüchtig erwartende kranke Volk mit seinen heilenden Händen zu berühren. Nicht jede Gemeinde zeigte sich aufgeschlossen, im bayerischen Immenstadt wurde ihm der Aufenthalt verwehrt, er zog kurzerhand ein paar Kilometer weiter über die österreichische Grenze, die Heilung Suchenden folgten gern. Insgesamt war die allgemeine Stimmung im Allgäu keineswegs ablehnend, Tranti wusste sich das örtliche Wohlwollen

Das gesamte Areal des Bades ist heute ein Lost Place.

DER HEILENDE FRISEURMEISTER

Verfall allerorten im Waldbad

durch zahlreiche Spenden an Gemeinden und Pfarreien gewogen zu halten, die Kirche sah das Handeln des sich explizit auf Gott berufenden Tranti keineswegs kritisch. Dessen Einnahmen florierten, die Werbetrommel lief, Plakate und Flugblätter verwiesen auf die jeweiligen Sitzungsstage des Heilers. Seit dem Sommer 1950 nutzte dieser das Waldbad bei Baienfurt in Oberschwaben als einen seiner Außenstützpunkte. Das war ein gut gewählter Ort, denn das Waldbad war ein sehr bekanntes und beliebtes Ausflugsziel in der Region, nun um eine Attraktion reicher. Ganze Busse trafen dort ein, nicht um zu baden, sondern um den inzwischen berühmten Heiler aufzusuchen. Alles war bestens organisiert: Einhundert Personen waren pro Tag zugelassen, in 25er-Gruppen wurden sie vor den Meister geführt. Der Tarif war für den Einzelnen mit 8 DM (heute ca. 4 Euro) überschaubar, für Tranti aber durch die Masse – und natürlich den höheren Wert des Geldes in jener Zeit – ein ziemlich gutes Geschäft. Allerdings zeigte ihn schließlich ein sich nicht geheilt, sondern betrogen fühlender Baienfurter an. Tranti kam in Untersuchungshaft nach Ravensburg. Ein Knick in der Karriere? Keineswegs. Vor dem Gefängnis der Oberschwabenmetropole versammelten sich verärgerte Tranti-Anhänger und Kranke, die teils weiteste Wege zurückgelegt hatten, um den Mann mit den magischen Händen zu sehen. Erstaunlicherweise gaben die Behörden nach: Tranti durfte in der Untersuchungshaft weiterpraktizieren. Nach seiner Entlassung war trotzdem kein Bleiben mehr in Oberschwaben, nachdem ihm in Lindau auch noch das Finanzamt und einmal mehr das Gericht auf die Pelle gerückt waren, weil einerseits leider das Steuernzahlen vergessen worden war, andererseits weiterhin keine Heilpraktikererlaubnis vorlag.

EINE STAATSKRISE – Noch immer war das kein Grund für Tranti, seine Tätigkeit einzustellen. Er zog nach München, seine Gläubigen folgten ihm auch hierhin. Ein Busnetz wurde eingerichtet, um Tranti-Jünger aus der ganzen Republik abholen zu können. Und doch wurde der Boden dünner, auf dem sich der selbsternannte Heiler bewegte. Auch in München wurden die Behörden auf ihn aufmerksam, in Düsseldorf strebte man sogar eine Abschiebung an, Tranti war ja Italiener. Auf Veranlassung einer Geheilten aus Liechtenstein bildete sich dort eine Initiative, die ihm die Übersiedlung und Ausübung seiner Tätigkeit im kleinen Alpenland ermöglichen sollte. Das Parlament war geteilter Meinung, da es sich zu keiner Entscheidung durchringen konnte, schrieb es eine Volksbefragung aus. Diese wiederum wurde nach einem Gutachten des Staatsgerichtshofes von der Regierung abgesagt, ein verfassungsrechtlich bedenklicher Vorgang, der für erheblichen Ärger zwischen den Institutionen sorgte. Tranti blieb in Deutschland, doch nun, 1954, neigte sich das Schicksal dann doch langsam der ungünstigeren Seite zu: Ein Münchner Gericht verurteilte ihn zu einer empfindlichen Geld- und Bewährungsstrafe. Es wurde ruhig um den einst so erfolgreichen, heilenden Friseurmeister. Seiner kurzzeitigen Wirkungsstätte, dem Waldbad, ging es nicht besser. Das jahrhundertealte Bad, in der Zwischenkriegszeit unter Regie des Brauereibesitzers Karl Rittler ein zugkräftiger Erlebnisort mit zahlreichen Attraktionen, die es zum Sehnsuchtsziel der Goldenen Zwanziger machten, konnte zwar in den Wirtschaftswunderjahren noch einmal an die früheren Erfolge anknüpfen, geriet dann aber erst aus der Zeit und dann in Verfall. Heute ist es ein heruntergekommener Lost Place im Achtal, der selbst einige heilende Hände gut gebrauchen könnte.

Das Gespenst nebenan

Sollte das Baienfurter Waldbad tatsächlich eine Renaissance erleben und als Hotelbetrieb wiedererstehen, wie es schon seit Längerem geplant ist, so ist eine Übernachtung dort womöglich trotzdem mit Vorsicht zu genießen. Besucher, aber auch Besitzer des Altbaues im 19. Jahrhundert berichteten mehrfach von nächtlichen Begegnungen mit unheimlichen Mönchen auf den Zimmern, offenkundig Nachfahren früherer Gäste, als sich das Bad bei den Klöstern der Umgebung großer Beliebtheit für Erholungskuren erfreute. Das Zusammentreffen mit den mysteriösen Geistlichen in späterer Zeit empfanden die Waldbadbewohner allerdings weitaus weniger erfrischend.

↓ Keine Erleuchtung mehr ...
↘ ... denn Tranti kehrte nie wieder.

3
DER TOD DES SCHWARZEN VERI

Xaver Hohenleiter in Biberach

Die einen stilisierten ihn zum Mörder und Erzgauner, die anderen zum oberschwäbischen Robin Hood. Doch das Leben des Bandenchefs war weitaus unspektakulärer – mit der Ausnahme seines bizarren Ablebens.

Biberach, Landkreis Biberach (BIC) **Ort** Ehinger-Tor-Platz, 88400 Biberach an der Riß **GPS** 48.100277, 9.788152 **Anfahrt** Bahnhof Biberach/Riß (RE Stuttgart-Ulm-Lindau, RB Ulm–Biberach) A7, Ausfahrt Dettingen an der Iller

Der Biberacher Schadenhof beherbergte das Oberamt.

ÜBERFALL! – Die alte Frau hatte keine Chance. Nichtsahnend stieg sie vom oberen Stockwerk ihres Bauernhauses herab, als ihr auf der Treppe gleich mehrere Männer entgegensprangen, so schnell, dass sie das Zwischengatter nicht mehr zuwerfen konnte. Die Räuber hatten alle Vorteile auf ihrer Seite: Der Argenhardter Hof nahe Tettnang stand buchstäblich allein auf weiter Flur, der Rest der Familie hatte ihn, beobachtet von der Bande, zum sonntäglichen Kirchgang verlassen. Eines ihrer Mitglieder war mit den Örtlichkeiten bestens vertraut, hatte er doch kurze Zeit dort gearbeitet. Und dann besaß die kleine Truppe natürlich auch noch Waffen, zwei alte Pistolen, dazu Stöcke und eine Rute, von der sie nun eifrig Gebrauch machten, um aus der 55-jährigen kränklichen Witwe Schmid angeblich verstecktes Geld herauszuprügeln. Doch selbst als sie die Frau schwer misshandelten und mit der Pistole bedrohten, sprang dabei nicht mehr heraus als »drei große Thaler«, dazu zwei Gulden, ein paar Lebensmittel und Haushaltsgegenstände. Die Altbäuerin wurde gefesselt in den Keller geworfen, aus dem sie jedoch kurz darauf entkam. Unglückseligerweise waren die Räuber noch nicht weit genug weg, sie entdeckten die fliehende Frau und brachten sie zurück in den Keller, banden sie erneut fest und warfen sie bäuchlings auf den Boden. Zwar konnte sie sich mit Mühe ein weiteres Mal selbst befreien, doch wurde sie in Folge von Alpträumen, Angstzuständen und Depressionen geplagt – sie litt, würde man heute sagen, an einer typischen posttraumatischen Belastungsstörung – und starb drei Monate später. Die Täter waren nicht auffindbar, aber niemand zweifelte daran, dass es sich um die Bande Xaver Hohenleiters gehandelt hatte, des Schwarzen Veri.

GEFANGENNAHME – Dieser brutale Überfall vom Frühjahr 1819 zeigt, wie wenig die legendenhaften Geschichten über die oberschwäbischen Räuberbanden mit der Wirklichkeit übereinstimmen. Dies fängt bereits bei Grundsätzlichem an: Von Banden, also eingeschworenen, teils durch Eid gebundenen über lange Zeit agierenden Zusammenschlüssen kann nicht die Rede sein. Die Gruppen jener Tage, kaum mehr vergleichbar mit den Dieben zu Zeiten der Schwarzen Lies (siehe 27), waren oft lose Zweckbündnisse mit fluktuierenden Mitgliedern. Für gewöhnlich bestanden sie aus mehreren Pärchen, die sich für einige Überfälle zusammenschlossen, die Frauen bettelten, begingen kleinere Diebstähle und sorgten für den Haushalt, die Männer verübten Einbrüche, selten auch Raubüberfälle auf Reisende. Ihr Leben war armselig, Hütten in den weiten Wäldern Oberschwabens oder verrufene Gasthäuser dienten als Unterkünfte, beliebt waren eine Wirtschaft in Spöck und in Roggenbeuren, wo man nebenher Hehlergeschäfte treiben konnte. Allerdings gab es nur selten Ware zu verkaufen, die Beute bestand in den meisten Fällen lediglich aus Lebensmitteln, vor allem Räucherfleisch. Ein geklauter Zinnteller, Kleidung oder gar Bettzeug waren bereits etwas Außergewöhnliches, Geld geradezu eine Seltenheit. Dies lag auch daran, dass die Banden bevorzugt einsam gelegene Höfe überfielen, entgegen den von ihnen gern kolportierten Aussagen, sie – weil oft selbst vom Land stammend – würden die Bauern schonen. Noch viel weniger gaben sie der armen Bevölkerung von ihrer Beute ab, was bei deren geringem Umfang kaum überrascht. Ihre Waffen waren überwiegend Stöcke, manchmal mit Eisen verstärkt und einige wenige schlecht funktionierende Pistolen, sodass deren Einsatz hauptsächlich nur zum Erschrecken reichte. Immerhin, der Schwarze Veri verbot das Zielen auf Menschen, ausschließlich im Notfall solle man auf die Beine schießen. Bei anderen Brutalitäten – siehe

DER TOD DES SCHWARZEN VERI

oben – und etwa Brandstiftungen war man weniger zimperlich. Die Gruppe um Xaver Hohenleiter war an sich egalitär, der nach seinen dunklen Haaren sogenannte Schwarze Veri galt unter seinen Kumpanen und auch bei den Behörden jedoch als natürlicher Anführer. Wobei die kleine Truppe, die nur ein gutes Dutzend Personen, zur Hälfte Männer und Frauen umfasste, in dieser Form gerade einmal wenige Wochen von Februar bis April 1919 existierte und ihre Raubzüge auf das Gebiet westlich der Schussen um Ostrach und rund um den Gehrenberg konzentrierte – der Überfall in Argenhardt war schon die weiteste Expedition. Hohenleiter wurde schließlich, sich gehörig wehrend, bei der Laubbacher Mühle nahe Ostrach am 16. April von Förstern festgenommen.

TOD IM TURM – Den Behörden gelang zu dieser Zeit die Festnahme zahlreicher Mitglieder der drei Banden. Es wurde beschlossen, diese zentral in Biberach zu sammeln und dort die Gerichtsverfahren durchzuführen. Wenig überraschend füllten sich dadurch die örtlichen Gefängnisse, so dass die alten Stadttürme von oben bis unten ausgebucht waren. Veri wurde im Ehinger Tor im Norden untergebracht, in einer Einzelzelle im zweiten Stock. Am Abend des 20. Juli 1819 zog ein mittelschweres Gewitter herauf, nicht stürmisch genug, um, wie es sonst üblich war, die Zellentüren zu öffnen und gesondert zu bewachen. Doch ein Blitz schlug direkt in den Turm ein, durchfuhr ihn bis in den Boden und sorgte für einige Zerstörungen. Die Insassen kamen glimpflich davon. Als einer der Wärter nach einigen Mühen in die Zelle Veris eindringen konnte, quoll ihm beißender Rauch entgegen und der Gefangene »lag auf seiner Britsche hingestreckt ohne eine Spur von Leben, sein Fuß hieng schlaff auf den Boden herab, der Strohsack glimmte«, die Leiche Hohenleiters war teils verkohlt, »die rechte Seite der Brust von der Schulter bis zu den Lenden war wie gebraten«. Der Blitz war auf seine Ketten übergesprungen und hatte ihn so getötet. Der ebenso ungewöhnliche wie grauenhafte Tod sorgte unter seinen Kameraden und Kameradinnen für Entsetzen, von vielen anderen wurde er als eine Art Gottesgericht angesehen – was nur noch mehr zur Berühmtheit des Schwarzen Veri beitrug, auch im Negativen: Der spätromantische Dichter Gustav Schwab stilisierte Hohenleiter in einer weit verbreiteten Ballade zum gottlosen Mörder – ein Vorwurf, dem man ihn bei allen anderen Unrühmlichkeiten schließlich doch nicht machen konnte. Die Bandenmitglieder, soweit sie nicht ebenfalls vorzeitig, aber weniger spektakulär an Krankheiten verstarben, profitierten von den geänderten Rechtsverhältnissen seit den Zeiten der Schwarzen Lies: Die Männer erhielten hohe, die Frauen kürzere Haftstrafen, hingerichtet wurde niemand. Die weltlichen Behörden urteilten inzwischen offenkundig milder als die göttlichen.

Erholung vom Grusel

Hauptsächlich lebt das Gedächtnis an den Schwarzen Veri heute in gleich mehreren nach ihm benannten Narrenzünften in Biberach und anderen Orten weiter, aber man kann ihn auch ganz in der Nähe seines unglückseligen Endes aufsuchen. In der Biberacher Ehinger-Tor-Straße befindet sich die Gaststätte Zum schwarzen Veri, somit in Sichtweite des seit 1877 verschwundenen Ehinger Tores. Wer eine Brotzeit für eine Wanderung auf den Spuren der Räuber braucht, kann sich in der Region mit diversen Wurstsorten versorgen, die den Namen des Veri tragen – natürlich handelt es sich hierbei überwiegend um *Schwarz*würste.

Der Weiße Turm in Biberach.
Die Stadttürme waren mit den Räubern überfüllt.

Sieht harmlos aus, ist aber nicht geheuer: das einstige Pfarrhaus von Cleversulzbach.

4
MÖRIKES UNHEIMLICHER MITBEWOHNER

Das Pfarrhaus in Cleversulzbach

Eduard Mörike war keineswegs der einzige berühmte Bewohner des Pfarrhauses von Cleversulzbach. Er bekam des Öfteren Besuch von einem Vorgänger. Der war allerdings schon seit Jahrzehnten tot.

Cleversulzbach (Stadt Neuenstadt am Kocher), Landkreis Heilbronn (HN)
Ort Neuenstädter Str. 5, 74196 Neuenstadt-Cleversulzbach **GPS** 49.215021, 9.353950
Anfahrt Bahnhof Bad Friedrichshall (RE Stuttgart–Würzburg, RE Heidelberg–Bad Friedrichshall) A8, Ausfahrt Neuenstadt am Kocher

VOM TRAUM ZUM TRAUMA – 1834 war es endlich so weit, dem nicht mehr ganz jungen Pfarrer Eduard Mörike sollte endlich eine eigene Stelle gewährt werden, seine Bitte um die Pfarrei Cleversulzbach bei Neuenstadt am Kocher wurde vom württembergischen König bewilligt: ein kleiner Ort, gut 650 protestantische Schäfchen, genau das Richtige für den Geistlichen, der seinen Vorgesetzten nicht gerade als Ausbund an Vorbildlichkeit und Eifer galt. Das war allerdings keineswegs ein harsches Urteil, Mörike hatte sich bislang im Sinne seiner Kirche keineswegs bewährt, seine Prüfungsergebnisse waren bestenfalls mittelprächtig, weswegen er eine lange Odyssee als Hilfsgeistlicher hinter sich hatte, doch auch ihm selbst war bewusst, dass seine große Leidenschaft, das Dichten, und seine Skrupel betreffs der zeitgenössischen Theologie ihn alles andere als zum Vorzeigepastor machten. Hinzu kamen seine dauerhaft angeschlagene Gesundheit und ständig knappe Kasse. Aber nun bot sich ihm in Cleversulzbach die Bewährungschance, eine überschaubare Gemeinde, eingebettet in eine stille Landschaft, zudem versorgten ihn seine Mutter und seine Schwester Klärchen, die mit ins Frankenland gekommen waren. Die Voraussetzungen waren demnach so schlecht nicht – trotzdem würde Mörike den Ort nach einigen Jahren als gescheiterter Pfarrer verlassen. Manche der Probleme waren erwartbar, sie waren die natürliche Folge der bereits erwähnten sozusagen mitgebrachten Sorgen verschiedenster Art. Schon der Auftakt war wie ein Menetekel: Mörike konnte den vorgesehenen Termin für seinen sogenannten Aufzug am neuen Pfarrort nicht einhalten, seine Mutter war erkrankt. Mit leichter Verspätung trat er im Sommer 1834 die Stelle an. Der Umzug hatte ihm wiederum finanzielle Engpässe verursacht, dieses Problem blieb ihm ebenso über all die Jahre erhalten wie auch seine schwindende Gesundheit, seine religiösen Zweifel und seine Neigung, lieber Gedichte als Predigten zu schreiben. Anfangs waren seine Oberen – der Dekan in Neuenstadt, aber auch der König in Stuttgart – noch geneigt, Rücksicht auf den kränkelnden Landpfarrer zu nehmen, mehrfach wurden ihm Vikare zugeordnet, die immer mehr die eigentliche Arbeit übernahmen. Aber irgendwann war damit Schluss.

NICHT ALLEIN IM PFARRHAUS – 1843 reichte Mörike ein weiteres Gesuch beim König ein: Diesmal bat er um seine Pensionierung – mit 39 Jahren. Gewährt wurde sie ihm wohl auch nur allzu gern, weil man erleichtert war, den Problempfarrer aus Cleversulzbach, dessen Stelle quasi doppelbesetzt worden war durch den anwesenden Vikar, der ihm nun nachfolgte, loszuwerden. Mörike und seine Schwester zogen aus. Seine Mutter war zwischenzeitlich verstorben, er hatte sie neben der Mutter von Friedrich Schiller beigesetzt, deren Grab er hatte wiederentdeckt und herrichten lassen. Sie war die Ehegattin eines Vorgängers gewesen. Überhaupt: diese Vorgänger. Es gab da einen,

Hinter verschlossenen Türen rumorte es.

der Mörike, seiner Familie und manchen Gästen einige zusätzliche Sorgen bereitet hatte. Es war Eberhard Ludwig Rabausch, Erbauer des Pfarrhauses, Geistlicher von 1747 bis 1759 in Cleversulzbach, verstorben 1787. Zumindest wenn man den Gerüchten vor Ort glauben sollte, hatte er es mit den ihm anvertrauten Finanzen nicht so genau genommen. Sein alleroberster Chef hatte ihm deshalb offenkundig den Zutritt zum Jenseits verweigert und ihn folgerichtig zum untoten Herumwandeln auf Erden verdammt. So die landläufige Erklärung für die seltsamen Vorgänge im Pfarrhaus. Ob sich Mörike dieser anschloss, ist nicht bekannt, aber er war, ganz Kind seiner Zeit, sehr an diesen Phänomenen interessiert und zeichnete sie akribisch auf. Und wenn man schon einen der größten deutschen Dichter als Augen- und Ohrenzeugen zur Hand hat, so sollte man ihn selbst sprechen lassen. In seinen Tagebüchern berichtete Mörike im Sommer 1834 von einem »Fallen und Rollen, wie von einer kleinen Kugel unter meiner Bettstatt hervor, das ich bei hellem Wachen und völliger Gemütsruhe mehrmals vernahm,

Heute sitzen die Ziegel des Hauses fest.

und wovon ich bei Tage trotz allem Nachsuchen keine natürliche Ursache finden konnte. Sodann, daß ich einmal mitten in einem harmlosen, unbedeutenden Traum plötzlich mit einem sonderbaren Schrecken erweckt wurde, wobei mein Blick zugleich auf einen hellen, länglichten Schein unweit der Kammertüre fiel, welcher nach einigen Sekunden verschwand. Weder der Mond noch ein anderes Licht kann mich getäuscht haben.« Das Klopfen und die Lichterscheinungen wiederholten sich, wurden auch nicht nur von ihm wahrgenommen. Und der Spuk entwickelte sich weiter: »Die Geister-Indizien dauern fort, und zwar jetzt in verstärktem Grade«, »nur war das Klopfen von einem durchdringenden Seufzer gefolgt, der sogleich eine schauderhafte Idee erweckte«, leise Schritte waren vernehmbar, Lichtkreise und brennende Flämmchen, die bei Berührung auswichen, traten auf.

PSI IM PFARRHAUS – »*16. Oktober.* Heute nacht abermals Unruhen im Haus. Ein starkes Klopfen auf dem oberen Boden. Dann war es auch einmal, als würden Ziegelplatten vom Dach in den Hof auf Bretter geworfen. Es ging jedoch kein Wind die ganze Nacht, und morgens konnten wir keine Spur von jenem Wurfe finden.« Mörikes genaue Beschreibungen und gesammelte Zeugenaussagen, die er auch seinem hieran brennend interessierten Freund Justinus Kerner (siehe 33) in Weinsberg weiterreichte, sind geradezu klassische Poltergeistphänomene. Er versicherte, »daß ich bei allen diesen Notizen ein jedes meiner Worte auf das gewissenhafteste abwog, um nirgend zu viel noch zu wenig zu sagen, und alle Zweideutigkeit zu vermeiden, besonders auch, daß ich, was die Angaben anderer betrifft, an der Wahrheitsliebe und Urteilsfähigkeit der angeführten Hausgenossen nicht im Geringsten zu zweifeln Ursache habe«, denn er war, wie erwähnt, keineswegs

Das Museum neben der Kirche widmet sich Mörike.

der Einzige, dem der Spuk im Haus begegnete, sowohl Familienmitglieder als auch Gäste waren betroffen, zudem gab es bereits Berichte von früheren Bewohnern und Besuchern, die ähnliche Erfahrungen in dem Haus gemacht hatten. Und obwohl Mörike bemerkte, dass die Vorfälle nach dem Sommer und Herbst 1834 teils nachließen, sind auch Berichte von späteren Hausherren überliefert, die von den Phänomenen heimgesucht wurden oder denen nicht alle Räume des Gebäudes geheuer waren. Mörike begnügte sich mit seinen exakten Beobachtungen, er zweifelte zwar nicht an der übernatürlichen Ursache der Vorgänge, eine Erklärung traute er sich aber ebenso wenig zu. Eher als Schrecken spürt man bei ihm eine ehrliche Faszination. Sein womöglich spukender Vorgänger war jedenfalls sicher nicht der Grund für seinen Auszug aus dem Cleversulzbacher Pfarrhaus.

Unheimliche Begegnung der anderen Art

Eine Zeichnung Mörikes aus dem Jahr 1840 zeigt den Ruinenrest der einstigen Pfarrkirche von Helmbund, ein Ort, der mit seiner Vergänglichkeitsromantik naturgemäß ganz dem Empfinden der Zeit und des Dichters entsprach. Das dazugehörige Dorf, schon im 8. Jahrhundert erwähnt, wurde zugunsten der späteren Neuen Stadt seit 1325 nach und nach aufgegeben. Was blieb, war bis zum Dreißigjährigen Krieg und zu seiner endgültigen Zerstörung das Gotteshaus, das bis ins Spätmittelalter noch als Pfarrkirche für die Filialen in Neuenstadt und Cleversulzbach zuständig war – der benachbarte Friedhof wurde sogar teils bis ins 18. Jahrhundert genutzt. Da war die Kirche längst Ruine, geblieben ist von ihr nur der Turmstumpf, in dem sich der Chor befand.

5

DER RÄTSELHAFTE BÖSEWICHT

Das Poppele vom Hohenkrähen

Es existieren ein historisches Gemälde von ihm, ein Grab und ein Grabstein: Johann Christoph Poppelius Mayer war Burgvogt auf dem Hohenkrähen und ist heute ein gefürchtetes Gespenst. Doch hat es ihn überhaupt jemals gegeben?

Duchtlingen (Gemeinde Hilzingen), Landkreis Konstanz
Ort Schloßstr. 3, 78259 Mühlhausen-Ehingen **GPS** 47.808873, 8.816291
Anfahrt Bahnhof Mühlhausen-Ehingen (S-Bahn Engen-Konstanz) A81, Ausfahrt Singen

Auf dem Vulkan sitzt die Burg – und der Poppele.

EIN QUÄLGEIST – In der Region wissen es alle: Rund um den mächtigen Vulkanberg Hohenkrähen mit seiner auf der Spitze thronenden Ruine ist es nicht geheuer. So berichtet ein Glaser, der seine zerbrechliche Fracht auf einem Rückengestell zu den Märkten der Umgebung trug, dass er in der Nähe der Burg Rast suchte auf einem Baumstumpf, der sich just, als er sich hinsetzen wollte, bewegte, sodass ihm sein Traggestell umfiel und ihm seine gesamte Ware zerbrach. Anschließend habe er aus dem Wald ein lautes Lachen gehört. Ein Müller aus Radolfzell kam ebenfalls von einem Markt und nahm auf der Heimfahrt einen scheinbar müden Wanderer auf seinem Wagen mit, der ihn freundlich gebeten hatte, ihn doch bis Singen aufsitzen zu lassen. Kurz vor dem Ziel fiel dem Müller auf, dass sein Geldbeutel, den er am Gürtel trug, verschwunden war. Sofort verdächtigte er natürlich den Mitfahrer, der sich auch sogleich aus dem Staub machte und den Müller noch darauf hinwies, er möge sich doch umsehen: Tatsächlich lag dort hinten auf dem Weg eine seiner Münzen. Mühselig musste er zurückgehen und nach und nach sein Geld wieder einsammeln. Einmal war die Äbtissin des Klosters Amtenhausen bei Immendingen unterwegs nach Öhningen am Bodensee, wo sie Besitzungen ihres Konventes besichtigen wollte, als ihr Wagen unterhalb des Hohenkrähen abrupt zum Stehen kam. Was der Kutscher auch unternahm, um die Pferde zum Weitergehen zu bewegen, es war vergebens. Er bat die Äbtissin, durch einen kräftigen Fluch die Situation bereinigen zu dürfen, was sich die geistliche Dame naturgemäß verbat. Erst als stundenlang nichts voranging, erlaubte sie dem Kutscher sein Hausmittel – er wählte solch grobe Worte, dass die Kutsche wie von Geisterhand geschoben im Blitztempo nach Öhningen raste. Junge Burschen, die sich über solche abergläubischen Spukgeschichten lustig machten, wurden im Wald plötzlich in den Bachgraben gezogen und fast ertränkt. Allen Opfern war nur zu klar, wer für ihre Missgeschicke verantwortlich war: das Poppele vom Hohenkrähen.

Das Angstkreuz in den Feldern unter der Burg

DER GARSTIGE BURGVOGT – Skeptiker werden es trotzdem eher mit den übermütigen Burschen halten, trotz der Gefahr einer übernatürlichen Rache. Aber selbst noch im längst aufgeklärten Jahr 1892 stellten Einwohner aus dem unterhalb des Hohenkrähen gelegenen Mühlhausen an der damaligen Straße nach Singen das – noch immer vorhandene – sogenannte Angstkreuz auf, um das Poppele zu bannen und ruhig auf ihren Feldern arbeiten zu können. Und gibt es nicht sogar einige schwer widerlegbare Indizien für die Existenz des Johann Christoph Poppelius Mayer, Burgvogt in der Mitte des 15. Jahrhunderts auf dem Hohenkrähen? So kennen wir beispielsweise sein Aussehen durch ein Porträt. Im nahe gelegenen Schloss Schlatt unter Krähen hängt eine barocke

Höher, immer höher, geht es in der Burgruine.

Doch der Abt kam zurück: Er hatte aus der Klosterbibliothek ein Buch mit magischen Sprüchen mitgebracht und verfluchte den Burgvogt. Dieser stürzte kurz darauf unglücklich, brach sich das Genick und ist seitdem verdammt, auf ewig umherzugehen.

WER BIN ICH? – Geschieht dem armen Burgvogt Poppolius Mayer etwa Unrecht, hat er diese Verwandlung zum Plagegeist tatsächlich verdient? Beim Versuch, diese Frage zu beantworten, tun sich einige Probleme auf: Herkunft und Alter des Gemäldes in Schlatt sind ebenso umstritten wie überhaupt, wen es darstellen soll, und ob es ein Original aus dem 15. Jahrhundert je gegeben hat. Der Grabstein in der Pfarrkirche zeigt einen Unbekannten, jedenfalls nicht denjenigen, der im Altarraum des Gotteshauses beerdigt wurde. Die dortige Grabstätte ist nachweislich sehr alt und durch ihren privilegierten Ort im Chor in jedem Fall mit einer bedeutenden Persönlichkeit verbunden. Bei archäologischen Untersuchungen in den 1930er Jahren fanden sich darin tatsächlich Knochen – jedoch die eines Kleinkindes. 1970 wurde es erneut geöffnet und, noch tiefer vergraben, darin ein weiteres Skelett gefunden, Überreste eines Erwachsenen diesmal, allerdings einer jungen Frau aus dem 13. Jahrhundert, vermutlich der Mutter des kurz darauf ebenfalls verstorbenen Kindes. Der Ausdruck Poppele selbst – der ja nun auch nicht gerade furchterregend wirkt – ist im Übrigen kein Eigenname, sondern eine Sammelbezeichnung, die im Süden Deutschlands einen zwiespältigen Hausgeist bezeichnet, eine Art Kobold, der in vielen Sagen auch an anderen Orten auftaucht. Das Hohenkräher Poppele ist somit nicht nur als reines Schreckgespenst, sondern durchaus als hilfreicher, wenn auch ambivalenter Hausgehilfe anzutreffen. Gegen bestimmte Gaben oder Aufforderungen arbeitet er im

Kopie von 1665, die auf ein Original des Jahres 1430 zurückgehen soll. In der altehrwürdigen Mühlhausener Pfarrkirche wird sein Grabstein gezeigt, der dem Vernehmen nach noch im 18. Jahrhundert zudem die heute verschwundene Aufschrift »Hic jacet Popolius« getragen habe: »Hier liegt Popolius.« Das dazugehörige Grab, an prominenter Stelle im Altarraum gelegen, ist ebenfalls vorhanden. Warum er dieses immer wieder verlassen muss, um seine derben Streiche zu spielen, weiß die Überlieferung ebenfalls. Der Burgvogt hatte einen Abt aus einem schwäbischen Kloster zu Gast, mit dem es zu fortgeschrittener Stunde nach reichlich Weinkonsum zu einem unerquicklichen Disput kam. Während Poppolius angeheitert ordentlich auftrumpfte und seine eigenen Bärenkräfte rühmte, machte sich der unmäßig dicke Abt über diese Vorstellung lustig, der Burgvogt sei doch nicht mehr als ein Knochengerüst, der durch jedes Nadelöhr gezogen werden könne. Wutentbrannt ließ Poppolius den Geistlichen packen und in den Kerker werfen, bis dieser selbst so abgemagert war, dass er selbst durch jede Ritze passen würde. Erst jetzt ließ er ihn frei.

Haushalt und auf den Feldern mit, kann aber zugleich von seiner Koboldsnatur nicht lassen und ist deshalb immer mal wieder auch zu Streichen und Schabernack eher harmloser Art aufgelegt. Dies rechtfertigt denn auch, dass er heutzutage in der örtlichen Fasnacht eine wichtige Rolle spielt. Der Blick auf den bösartigen Burgvogt – einem anderen Überlieferungsstrang nach war er ein brudermordender Adliger – ist in unseren Tagen gnädiger geworden.

Unheimliche Begegnung der anderen Art

Dass der Poppele ausgerechnet rund um den Hohenkrähen spukt, kommt trotzdem nicht von ungefähr. »Hätte es einen historischen Poppele gegeben, könnte er ein Friedinger des 15. oder des 16. Jahrhunderts, gewesen sein«, urteilt mit gutem Grund der Historiker Eberhard Dobler. Die Burg, im 12. Jahrhundert in hervorragend geschützter Lage errichtet, erlaubte den Burgherren, den genannten Herren von Friedingen, sich irgendwann dort oben allzu sicher zu fühlen und sich im Spätmittelalter auf das einträgliche Geschäft der Fehden und Raubüberfälle auf reiche Kaufleute zu verlegen. Ein Heer des Schwäbischen Bundes zerstörte daraufhin den Ansitz 1512, im Dreißigjährigen Krieg wurde er endgültig aufgegeben. Selbst wer heute dort hochsteigt, braucht Kondition und Kletterkünste. Von der gut erhaltenen Unterburg windet sich der Weg über Felsen und durch mehrere Toranlagen hoch bis auf 643 Meter, wo man zur Belohnung einen unüberbietbaren Blick auf den Hegau und den Bodensee erhält.

Gut geschützt sah man von dort auf den gesamten Hegau.

6

HERR UND FRAU MÜLLER GEHEN UM

Die Geistermühle bei Eigeltingen

Mit diesem Namen stellt sich natürlich nur eine Frage: Spukt es tatsächlich in der Geistermühle?

Geistermühle (Gemeinde Eigeltingen), Landkreis Konstanz (KN)
Ort Geistermühle 1, 78253 Eigeltingen **GPS** 47.913043, 8.915817
Anfahrt Bahnhof Engen (S-Bahn Engen–Konstanz) oder Stockach
(RB Radolfzell–Stockach) A81, Ausfahrt Engen oder A98, Ausfahrt Stockach-Ost

Dort hinten liegt sie: die Geistermühle.

KLAPPERT ES IN DER MÜHLE? – Mühlen waren als unheimliche Orte geradezu prädestiniert. Natürlich gab es sie auch in Städten, aber viele von ihnen lagen meist einsam auf dem Land an Flussläufen, womöglich in einem finsteren Tal. Sie konnten begehrtes Objekt für nächtliche Überfälle von Räuberbanden sein oder umgekehrt diesen als Unterschlupf dienen. Einige hatten merkwürdige oder gar gefährliche Funktionen, wie etwa Knochen- und Pulvermühlen. Aber selbst wenn es sich um harmlose Getreidemühlen handelte, waren diese nicht immer unbedingt beliebt: Handelte es sich um eine herrschaftliche Bannmühle, so waren die Untertanen gezwungen dort – und *nur* dort – ihre Ernte mahlen zu lassen, natürlich gegen entsprechende Gebühren. Von Mühlenromantik war also in früheren Tagen eher wenig zu spüren. Für den jeweiligen Landesherrn waren sie jedoch zumeist ein gutes Geschäft, er vergab diese in Pacht und kassierte dadurch Einnahmen. Dementsprechend war ihm daran gelegen, für die verschiedenen Zwecke von der Säge- bis zur Ölmühle ebensolche über sein Territorium zu verteilen. So dürfte auch die Geistermühle am Rande des Hegau entstanden sein. Abgelegen und einsam ist sie bis zum heutigen Tag, versteckt im Hinterland mit nur einem einzigen Zufahrtsweg, der an dem Gehöft endet – mehr ist dort nicht, weit und breit kein anderes Anwesen. Ihre Ursprünge gehen womöglich auf die in der Gegend um 1500 errichteten Glashütten zurück – es gibt noch einen Weiler dieses Namens in der Nähe –, als sogenanntes Pochwerk zum Zerkleinern von Materialien. In jedem Fall wurde sie 1705 – wieder? – errichtet, vermutlich, ebenso wie einige andere Mühlen in der Nachbarschaft, nach Zerstörungen im Dreißigjährigen Krieg. Ihre weitere Geschichte ist nicht sonderlich spektakulär: Drum herum wurden einige Stauweiher angelegt, eine Ölmühle ergänzte den Hauptbau, einige notwendige Modernisierungen wurden durchgeführt. Nach 1905 traten zunehmend Probleme auf, der Wasserzulauf nahm ab, man konzentrierte sich auf die Landwirtschaft, nach dem Zweiten Weltkrieg folgten die endgültige Stilllegung des Mühlbetriebs und der Abbau des Wasserrades. Die Geistermühle wurde zum einfachen Wohnhaus.

WOHER KOMMT DER GEIST? – Zur Aufklärung des Namens trägt dies wenig bei. Tatsächlich sind alle Lösungsversuche dieses etymologischen Rätsels bislang wenig überzeugend. Geht er auf frühere geistliche Besitzer, etwa das Kloster Reichenau, zurück? Etwas weit hergeholt. Gab es womöglich einen Besitzer, der »Geist« hieß? So weit bekannt: nein. Liegt es am Geistermühlebächle, dem Wasserlauf, der einerseits aufgrund des karstigen Untergrundes hin und wieder versickert und neu auftaucht, andererseits in trockenen Monaten ganz versiegt, was der Mühle nicht wenige Probleme bereitet hat? Klingt ebenfalls wenig plausibel. Oder kommt es doch von der einsamen, unheimlichen Lage der Mühle? Die einfachste Lösung wäre natürlich ein Gespenst vor Ort. Mühlen werden nicht selten von Spuk heimgesucht und Gewässer aller Art sind ebenfalls ein beliebter Ort für allerlei seltsame Wesen, von Nixen über Wassermänner bis zum gefürchteten Hakenmann, der insbesondere Kinder gerne hinunter ins kühle Nass zog. Und tatsächlich: Der Lokalhistoriker Fredy Meyer überliefert eine Geschichte, die den Ursprung des Namens kennt. Nach ihr hätten eine Magd und ein Knecht, auf die Mühle spekulierend, ihre Arbeitgeber, das Müllerehepaar, vergiftet. Zwar war der Anschlag erfolgreich, doch die beiden Übeltäter hatten wohl nicht damit gerechnet, dass der Müller und seine Frau wiederkehren würden, um Rache zu nehmen und ihre Mörder zu vertreiben. Fortan spukte es in der Geistermühle. Namensherkunft geklärt.

Unheimliche Begegnung der anderen Art

Der Spiecher im nahen Honstetten beherbergt zwar keine Geister, ist aber allein aufgrund seines urtümlichen Aussehens ein unheimlich wirkender Ort. Der das Dorf beherrschende massive Turm geht vermutlich auf das 11. Jahrhundert zurück, er diente später als Vorratsraum – daher der Name – und Armenwohnung, ursprünglich war er zudem wohl höher. Im Inneren, nur über den erhöhten ursprünglichen Eingang erreichbar, finden sich drei Geschosse und ein Keller. Rätselhaft bleibt trotz intensiver Forschung der Zweck der Errichtung: Während heute die meisten Historiker von einer Turmburg des Ortsadels ausgehen, deuten zahlreiche Skelettfunde im Umfeld des Spiechers auch auf eine mögliche Vergangenheit als Turm einer früh im Ort vorhandenen Pfarrkirche mit Friedhof hin, da bereits vor 1200 ein Priester in Honstetten erwähnt wird.

7
EIN EXORZIST AUF DER OSTALB

Johann Josef Gaßner in Ellwangen

Der Vorarlberger Pfarrer J. J. Gaßner feierte auch am Bodensee und in Ellwangen große Heilerfolge mit Teufelsaustreibungen. Er wurde hochverehrt und hart bekämpft. Letztlich siegten seine Gegner.

Ellwangen, Ostalbkreis (AA) **Ort** Marktplatz 1, 73479 Ellwangen **GPS** 48.961979, 10.131322 **Anfahrt** Bahnhof Ellwangen (IC Stuttgart–Nürnberg, RE Stuttgart–Nürnberg, RB Ellwangen Crailsheim) A7, Ausfahrt Ellwangen

Die Jesuiten musste Gaßner nicht mehr fürchten, sie waren 1773 verboten worden.

GASSNER KOMMT – Die Gräfin Maria Bernardina Truchseß von Wolfegg und Friedberg wollte ihr Glück nicht für sich behalten. Für sie hatte der Besuch des unscheinbaren Dorfpfarrers aus Vorarlberg alles geändert – was sie über ihn gehört hatte, stimmte: Johann Josef Gaßner hatte heilende Fähigkeiten, sie war der beste Beweis. Nach ihrem Zusammentreffen war sie ihre lange Krankheit los und sie wünschte sich, dass auch andere von seinen ungewöhnlichen Fähigkeiten profitierten. Deshalb erzählte sie nicht nur bei Verwandten und Freunden von dem Geistlichen herum, sondern veranlasste auch ihren Onkel, General Karl Erbtruchseß zu Wolfegg, sich dafür einzusetzen, dass Gaßner weiter in Oberschwaben wirken könne. Mit Erfolg. 1727 war Johann Josef Gaßner im Vorarlberger Klostertal, in Braz, geboren worden, er entstammte einer Bauernfamilie, verließ seine Heimat zum Theologiestudium in Prag und Innsbruck und kehrte 1750 als geweihter Priester dorthin zurück, um eine Stelle in Dalaas anzutreten, seit 1758 amtierte er im benachbarten Klösterle. Alles nicht sonderlich spektakulär, ein Dorfpfarrerleben eben. Und doch schwang sich Gaßner zu einer der bekanntesten und umstrittensten Persönlichkeiten des späten 18. Jahrhunderts im deutschsprachigen Raum auf. Bereits als junger Pfarrer hatte Gaßner unter schrecklichen Kopfschmerzen zu leiden, weder lokale Ärzte noch von ihm aufgesuchte Professoren der Universität Innsbruck konnten ihm helfen. Da die Beschwerden vor allem auftraten, wenn er seiner geistlichen Arbeit nachging, vermutete er bald eine übernatürliche Ursache, einen Einfluss böser Mächte. Als Priester wusste er natürlich um die Mittel, diese zu bekämpfen: intensive Gebete gegen das teuflische Wirken. Und er spürte bald eine Besserung. Er hatte den Kampf gewonnen, fühlte sich gesund und entwickelte hieraus eine Theorie. Was ihm geholfen habe, müsste auch anderen helfen. Menschen, die an scheinbar grundlosen und nicht kurierbaren Krankheiten litten, gab es schließlich genug.

GASSNER HEILT – Damit hatte er recht. Und diese Menschen fanden sich auch bald bei ihm ein. Schnell hatte sich seit 1760 herumgesprochen, dass es da einen Geistlichen gab, der über die Fähigkeit verfügte, durch Beschwörungen Krankheiten zu heilen. Der Ruf Gaßners blieb nicht lange auf das Klostertal beschränkt, schon bald reisten Hilfesuchende aus dem Montafon und dem Rheintal, der benachbarten Schweiz, aus Tirol und dem Bodenseeraum an. 1774, nach den Interventionen aus Wolfegg, wurde Gaßner schließlich von den zuständigen geistlichen Behörden erlaubt, sein Wirken auf das Bistum Konstanz auszudehnen. Er reiste durch die kleinen Herrschaften Oberschwabens, die dortigen Abteien und Kleinfürstentümer, fand dort begeisterte Aufnahme bei Kranken in der Bevölkerung und Herberge etwa beim von seinen Fähigkeiten überzeugten Abt von Salem. Wesentlich skeptischer war da schon der zuständige Konstanzer Fürstbischof, Kardinal Franz Konrad von Rodt, der Gaßner zu sich nach

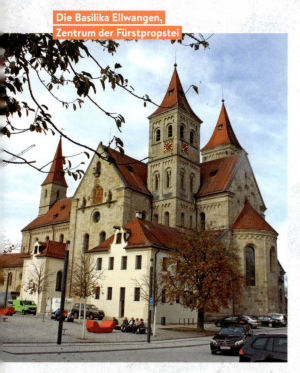

Die Basilika Ellwangen, Zentrum der Fürstpropstei

Meersburg einlud, damit dieser vor Ort und vor seinen Augen beweisen konnte, was er zu leisten im Stande war – und ob dies konform ging mit der katholischen Lehre. Der Aufenthalt am Hof des Bischofs mochte aus Gaßners Sicht einen Erfolg darstellen – er heilte in drei Tagen zahlreiche Gebrechen –, der Kardinal sah das anders. Er war vom Vorgehen des Pfarrers, den Teufel zu beschwören, um die Krankheit zu besiegen, alles andere als überzeugt. Und wollte ihn deshalb nicht mehr in seiner Diözese haben. Gaßner wurde nach Klösterle zurückgeschickt. Das war jedoch nur ein kurzer Rückschlag. Längst hatte er neue Fürsprecher, darunter Anton Ignaz von Fugger-Glött, auch er Fürstbischof, nämlich in Regensburg, zugleich Fürstpropst zu Ellwangen, wohin er nun Gaßner einlud. Anton Ignaz' Augenleiden konnte der Vorarlberger zwar nicht heilen – es hatte eine natürliche, ihm nach eigener Theorie deshalb nicht zugängliche Ursache –, der Bischof war trotzdem felsenfest von den Methoden Gaßners überzeugt. Wie auch zahlreiche Heilungssuchende, die nun in Scharen in die Ostalb strömten. Die kleine Residenzstadt quoll bald über von Kranken, die Zugang zum Exorzisten suchten, der für die bald Tausende von Gläubigen regelrechte Sprechstunden einrichten musste. Früh um 5 Uhr begann er sein Werk, Privilegierte durften dabei zusehen, die anderen mussten draußen warten, bis sie an der Reihe waren. Gaßner legte seine Hände oder seine Stola auf, rief den Teufel an, sich in einer Manifestation der Krankheit zu zeigen, und wenn diese – zumeist sehr heftig – in Erscheinung trat, begann er mit seinen exorzistischen Gebeten, um sie und den Teufel als Verursacher auszutreiben.

GASSNER VERSCHWINDET – Um seinen Protegé vor den nicht nachlassenden Angriffen der Kritiker zu schützen, erhob Fürstbischof Anton Ignaz ihn zum Hofkaplan und Geistlichen Rat, schließlich nahm er ihn im Sommer 1775 nach Regensburg mit. Genutzt hat dies nichts, um den geistlichen Heiler war eine heftige Kontroverse entstanden, die bald das gesamte intellektuelle Reich beschäftigte. Wir sind bereits im Zeitalter der Aufklärung, die Befürworter des Einflusses

Auf dem Schloss saß der Fürstpropst.

Der Propst geriet selbst in die Kritik, Schloss Ellwangen bot Gaßner keinen Schutz mehr.

teuflischer Mächte führten Rückzugsgefechte gegen die rationalen Denker, auch innerhalb der Kirche. Um die 120 Schriften von Gegnern und Anhängern entstanden allein in der Zeit um 1775, dem Höhepunkt von Gaßners Schaffen, die Bruchlinie ging durch Katholiken und Protestanten gleichermaßen. Schließlich setzten ein kaiserliches Schreiben und eine päpstliche Verurteilung Gaßners Heilexorzismen ein Ende. Anton Ignaz musste ihn auf eine abgelegene Stelle in seinem Bistum versetzen. Es wurde ruhig um den berühmten Pfarrer, schon 1779 starb er so gut wie vergessen in Pondorf bei Straubing. Was war von seinen Verfahren zu halten? Für ihn sprach, dass er sich weder persönlich bereicherte und er höchstwahrscheinlich selbst fest überzeugt war von seinen Fähigkeiten. Tatsächlich ist sein Vorgehen keineswegs so absurd, wie es auf den ersten Blick erscheinen mag. Gaßner wusste seine Möglichkeiten einzuschätzen und lehnte die Behandlung von Kranken mit offensichtlicher Ursache zumeist ab – hier sei der Teufel nicht im Spiel. Dass es Krankheiten ohne ersichtlichen körperlichen Grund gibt, wie er behauptete, wird heute niemand mehr abstreiten: Es ist das Credo der psychosomatischen Medizin. Die Heilerfolge Gaßners gingen auf seine intensive Beschäftigung mit den Patienten und deren Glauben an seine Möglichkeiten zurück, nicht selten waren sie – was ihm seine Gegner genüsslich vorhielten – jedoch nur von kurzer Dauer. Problematisch an Gaßners Idee war naturgemäß sein Verantwortlichmachen des Teufels – und damit einhergehend auch die von ihm weiterhin akzeptierte Möglichkeit, dass andere Personen mit Hilfe schwarzer Magie Krankheiten verursachen können. Diese Vorstellungen wurden von vielen aufgeklärten Personen in Führungsverantwortung längst nicht mehr geteilt. Nicht einmal mehr vom Papst.

Das Gespenst nebenan

Wer von Ellwangen die B290 nach Norden fährt, der kommt bei Satteldorf an der Anhauser Mauer vorbei. Die völlig allein auf weiter Flur hochaufragende Ruinenmauer mit gotischen Spitzbögen und den Resten einiger Grabmäler ist das Überbleibsel eines Eremitenklosters der Pauliner, das schließ-

Die Wolfgangskirche in Ellwangen

lich während der Reformation unterging. Entspricht es schon allein durch sein Aussehen unseren Vorstellungen eines unheimlichen Ortes, so verwundert es nicht, dass unsere Vorfahren dort allerlei Spukgestalten vermuteten – die vertriebenen Mönche, deren Gewand mit einem Totenkopf gezeichnet war, sollen dort noch immer umgehen.

8

»WANDRER, FLIEH!«

Die Pestkreuze von Emmingen ob Egg

Egal, von welcher Seite man nach Emmingen kommt, man wird jedes Mal von einer Gruppe an Kreuzen begrüßt. Deren Ursprung ist allerdings wenig erbaulich.

Emmingen ab Egg (Gemeinde Emmingen-Liptingen), Landkreis Tuttlingen (TUT)
Ort An der B492 in Richtung Engen, 78576 Emmingen-Liptingen **GPS** 47.920595, 8.843116
Anfahrt Bahnhof Engen (RE Karlsruhe-Konstanz, S-Bahn Engen-Konstanz) A81, Ausfahrt Engen

Der Bildstock ersetzt später die Warntafeln vor der Pest.

ANGST IM ABENDLAND – Seit der Rückkehr der Pest nach Europa in der ersten verheerenden Welle ab 1348, der ganze Landstriche zum Opfer fielen, hatte sich die berechtigte Furcht vor der Krankheit tief in die Menschen eingenistet. Zahlreiche Mittel wurden erprobt, um sich die Seuche – buchstäblich – vom Leib zu halten, vor allem setzte die Bevölkerung auf die Religion, Pestheiligen wie St. Sebastian oder St. Rochus wurden Kapellen und Altäre in den Kirchen errichtet, eine einfachere Variante dagegen waren Pestkreuze, die sich ebenfalls überall im Lande fanden. Welchen Zweck verfolgten diese? Es gab im Grunde drei Möglichkeiten: Von Hoffnung getragen wurden sie als eine Art Abwehrzauber verwendet. Man stellte ein Kreuz auf, um damit Verschonung zu erreichen. Falls dies – in wohl nur seltenen Fällen – gelang, erhielt dieses Kreuz sicherlich dank seiner Wundertätigkeit im Nachhinein noch größere Verehrung. Die zweite Variante hatte eine Doppelfunktion: Es war zu spät, die Pest bereits im Ort. Das Kreuz sollte nun eventuelle Ankömmlinge vor dem Besuch abhalten, war also eine Warnung und bat zugleich um Mitleid, zum Beispiel ein Gebet für die

Betroffenen. Die dritte Variante erfolgte nach der Pestwelle: In der erfreulicheren Version wird es als Dank für die komplette Verschonung des Ortes errichtet, in der etwas unerfreulicheren nur von den Überlebenden als Dank für das Ende der Seuche, beides zumeist aufgrund eines Gelübdes.

MINDESTENS DREI KREUZE GEMACHT – Heute sind viele der Pestkreuze verschwunden, die Zeiten der Seuche lange vorbei. In Emmingen ab Egg jedoch ragen sie an allen Ortsausgängen noch immer, sogar als ganze Gruppen, in die Hegaulandschaft. Welchem der genannten Motive entstammen sie? Als Abwehr leider nicht, Emmingen wurde in den ohnehin bereits extremen Zeiten des Dreißigjährigen Krieges mehrfach von Pestwellen heimgesucht. Erstmals im Sommer 1629 tauchte die Krankheit im Ort auf, bis Ende des Jahres forderte sie 21 Opfer, flaute dann jedoch ab. 1633 kehrte sie zurück, 17 Menschen starben, 1634 waren es 24, dann ging es rasant. 1635 zählte man 86 Tote, 1636 sogar 97, über das folgende Jahr ist nichts bekannt, 1638 waren es immerhin noch 20. Die Pestkreuze, deshalb an allen vier Ausfallstraßen aufgestellt, hatten in jenen schrecklichen Jahren Warnfunktion. Neben ihnen stand ein Schild mit der Aufschrift: »Wandrer, flieh, hier haust die Pest!« Hatte der Pfarrer 1633 an Ostern noch 367 Kirchenbesucher gezählt, waren es 1637 nur noch 174, mehr als die Hälfte der Dorfbewohner war verschwunden. Nach dem endgültigen Ende der Seuche wurden die Warntafeln durch Bildstöcke ersetzt, zugleich fügte man dem ursprünglichen Pestkreuz mit seinem charakteristischen Doppelbalken drei weitere Kreuze in Normalform hinzu, die das Leiden Christi am Kalvarienberg symbolisieren sollten. Die überlebenden Emminger versprachen zudem, neben einigen jährlichen Wallfahrten

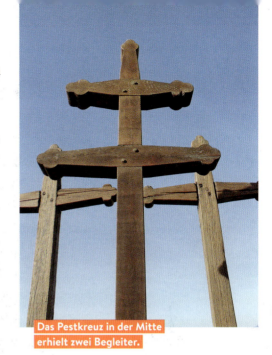

Das Pestkreuz in der Mitte erhielt zwei Begleiter.

zu den benachbarten Kapellen Zeilen und Schenkenberg die dem rauen Wetter ausgesetzten Kreuze jeweils zu erneuern, sobald sie morsch geworden waren. An dieses Gelübde haben sie sich bis heute gehalten.

Unheimliche Begegnung der anderen Art

Auch das Schwarze Kreuz am Leprosenberg im oberschwäbischen Bad Wurzach gehört zu den Pestkreuzen, allerdings hat es mit ihm seine eigene Bewandtnis. Der örtlichen Überlieferung nach sei an jener Stelle vor den schon in Sichtweite liegenden Mauern der Stadt ein bereits an der Pest Erkrankter verstorben, der sich auf den Weg nach Wurzach gemacht hatte. Schlimm für ihn, doch gut für Wurzach, das somit von der großen Pestepidemie der Jahre um 1348 verschont blieb. An diese Begebenheit erinnert das aktuelle Kreuz aus dem Jahr 1879, dessen Standort und Name aber auf Vorgänger zurückgeht, deren Alter weit in die Vergangenheit reicht.

9

ABERGLÄUBISCHE HEXEN UND FALSCHE MÄRTYRER

Endingen am Kaiserstuhl

So schön sich das Städtchen am Kaiserstuhl heute auch präsentiert, in seiner Geschichte gibt es gleich zwei dunkle Flecken, die wir heute als Justizmorde bezeichnen würden.

Endingen am Kaiserstuhl, Landkreis Emmendingen (EM)
Ort Hauptstr. 68, 79346 Endingen am Kaiserstuhl **GPS** 48.142065, 7.702958
Anfahrt Bahnhof Endingen (S-Bahn Freiburg – Breisach) A5, Ausfahrt Riegel

Nicht alles ist hübsch in Endingen, auch nicht in der Vergangenheit.

DIE HEXE UND DAS FEUER – Noch auf dem Weg zur Hinrichtung übte die Hexe Rache an ihren Verfolgern: Einen der umstehenden Bürger verfluchte sie mit dem bösen Blick, einem anderen trat sie so auf den Fuß, dass dieser den Rest seines Lebens Qualen litt. Zuletzt ließ sie den Hauptmann der Stadtwache zu sich bitten, spuckte ihm ins Gesicht, woraufhin dieser am nächsten Tag erblindete. Die Teufelsbündlerin hatte noch einmal ihre Macht bewiesen, auch wenn sie dies nicht rettete. Am 24. April 1751 wurde sie erst erwürgt, dann ihr Körper auf dem Scheiterhaufen verbrannt. Während die Ausschmückungen über den letzten Gang der Anna Schnidenwind, geborene Trutt aus Wyhl, der lebhaften, aber gefährlichen Fantasie ihrer Mitbürger entsprangen, steht eines dagegen fest: Es war die letzte Hinrichtung einer der Hexerei angeklagten Person auf dem Gebiet des heutigen Baden-Württemberg. Alles begann mit einem schrecklichen Feuer und endete mit einem schrecklichen Feuer. Der Pfarrer von Wyhl kommentierte dies so: »Weilen dan anfangs gemeldet der Brand suspect war, als hat die Herrschaft Endingen des Mathis Schnidenwindts Weib, welche angegeben worden, sie hätte durch Beraichung ihres Viehs disen Brand verursachet, vor Rath citiert. Sie hieß Anna Truttin, war gebohren anno 1688. Und nachdem sie überzigen worden, daß sie einigen Bürgern ihr Vieh verdorben, ist sie gefänglich angehalten, und scharf examiniert worden, da sie dan bestanden, daß sie ein pact mit dem Teufel gehabt, auch mit dessen Beyhilf den erbärmlichen Brand mit Fleiß angestekht. Auf welches ihr der Sentenz gefällt worden, daß sie lebendig solle verbrennt werden, welches auch an ihr den 24. April 1751 vollzogen worden, der Zuschauer waren mehrer dan 10 bis 12000.« Am 7. März war in Wyhl ein verheerendes Feuer ausgebrochen, von dem an die 80 Häuser, also ein Großteil des Dorfes, vernichtet wurden, ein Kind starb. Das Entsetzen war groß, zugleich mit der Fassungslosigkeit begann die Suche nach der Ursache. Als solche wurde der Stall der Schnidenwinds ausgemacht – und ab hier begannen sich Fakten und Verleumdung zu vermischen. Während es noch plausibel scheint, dass Anna bei der Arbeit ein Fehler unterlief, wurde ihr dies als Schadenszauber ausgelegt. Wie es auch der Pfarrer erwähnt, habe sie womöglich den Stall beräuchern wollen, d. h. bestimmte Kräuter zum Schutz der Tiere verbrennen, ein – bis heute – nicht seltener Brauch, der sich gegen schwarze Magie richtet. Die bittere Ironie wäre, dass Anna Schnidenwind aufgrund ihres Aberglaubens, sich bzw. ihre Tiere gegen böse

HEXEN UND FALSCHE MÄRTYRER

Kräfte zu verteidigen, bezichtigt wurde, genau mit diesen im Bunde zu stehen. Dass sie dies gestand, war dem Verfahren zuzuschreiben, bei dem die Folter angewandt wurde. Die Gerichtsherren in Endingen bemühten sich um ein schnelles Urteil, ihnen durfte bewusst gewesen sein, dass Hexenprozesse längst selbst als abergläubisches Überbleibsel galten. Doch die aufgeklärten Obrigkeiten Vorderösterreichs, zu dem Endingen gehörte, griffen nicht ein. Anna Schnidenwind bezahlte dies mit ihrem Leben.

Hinter verschlossenen Türen blühten die Gerüchte.

DIE FALSCHEN MÄRTYRERKINDER –

Noch länger zurück liegt ein Prozess, der ein ähnlich unschönes Kapitel der Endinger, aber auch der mittelalterlichen Geschichte überhaupt in Erinnerung ruft. 1470 war der Karner, das Beinhaus bei der Peterskirche, baufällig. Er sollte erneuert werden, hierfür musste allerdings erst einmal der Inhalt, sprich die dort gelagerten Knochen ausgeräumt werden. Gruselig genug, machten die Endinger dabei einen grausamen Fund.

Unter den zahlreichen Gebeinen lagen vier Leichen: zwei Erwachsene, zwei Kinder, in gutem Zustand, mumifiziert, aber ohne Köpfe. Sofort erinnerte man sich: War da nicht etwas gewesen, vor acht Jahren? Das ist die Frage noch heute: War da wirklich etwas gewesen? Den Endingern damals aber schien die Antwort klar zu sein: Ja. Ihrer Ansicht nach hatten die ortsansässigen Juden einem armen Elternpaar, das durch die Gegend zog und Unterkunft suchte, im Stall einen Platz angeboten, nur um diese in der Nacht gemeinschaftlich zu ermorden, ihr Blut für ihre mysteriösen Rituale zu sammeln und sie anschließend im Karner – nahe der Judengasse – zu verstecken. Beweisen ließ sich das alles 1462 nicht, aber nun, dank der Leichen, deren Unverwestheit wie ein Zeichen war, wurden die Beschuldigten festgenommen, gefoltert und als geständig hingerichtet. Und es sollte noch weitergehen: Die drei angeblich Hauptverantwortlichen in Endingen hatten Mittäter, sogar Abnehmer des Blutes genannt, in Pforzheim fanden die nächsten Festnahmen statt. Als der Kaiser von der Angelegenheit erfuhr, griff er sofort ein, er untersagte jegliche Prozesse gegen die verleumdeten Juden. Für die Endinger Beschuldigten kam dies zu spät, für die Pforzheimer womöglich auch, doch immerhin wurde damit die sich bereits ausbreitende Pogromstimmung im Keim erstickt. Für Endingen jedoch war die Geschichte hiermit noch nicht zu Ende. Nicht weil das zweifelhafte Gerichtsverfahren irgendwelche Konsequenzen für die Stadtherren gehabt hätte, im Gegenteil, nun, nachdem die Juden ermordet oder geflohen waren, setzte man durch, dass auf Jahrhunderte sich im Ort keine Glaubensgenossen mehr ansiedeln durften. Das Geschehen wurde in Liedern besungen und schließlich sogar zu einem Moritatenspiel verarbeitet, das zahlreiche Besucher in die Stadt lockte. Gleiches galt für die geborgenen

St. Martin, eine der beiden großen Kirche in Endingen

Die Peterskirche beherbergte lange die vermeintlichen »Märtyrer«.

Leichen, die in der Unteren Kirche einen besonderen Platz erhielten. Karl von Amira, ein Literaturhistoriker, der 1883 das Endinger Judenspiel aus wissenschaftlichem Interesse neu herausgab, konnte sich davon vor Ort selbst überzeugen: »In der Peterskirche sind noch jetzt die Gebeine der Ermordeten zur Verehrung ausgestellt, die der Kinder nach der gewöhnlichen Art, in Flitter und mit ergänzten Köpfen in einem Glaskasten auf dem rechten Seitenaltar, die der Eltern in einem Schrank auf dem rechten Oratorium, in höchst phantastischen Kostümen, mit ergänzten Fleischtheilen und Köpfen, zu beiden Seiten eines Krucifixes an Eisengerüsten aufgerichtet. Mirakel sollen sich bei den heiligen Leibern ereignet haben.« Solche eine bizarre und antisemitisch aufgeladene Huldigung angeblich in Ritualmorden getöteter Christen, insbesondere von »unschuldigen Märtyrerkindern«, gab es an einigen Orten und hielt sich nicht selten bis in die jüngste Vergangenheit. Auch in Endingen wurden die Schaukästen erst Ende der 1960er Jahre beseitigt. Seitdem, was nicht verschwiegen werden soll, hat sich die Stadt jedoch ernsthaft und vorbildlich um die Aufarbeitung beider Justizmorde bemüht und sich ihrer Vergangenheit gestellt.

Grenzen sich auf dem Berg trafen, wollten gemeinsam ein neues, größeres Gotteshaus errichten. Dummerweise hatten sich die Nachbarn mit diesem Versprechen finanziell übernommen, sodass lediglich der Chor auf Endinger Gebiet entstand. 1723 kam der Bischof zur Weihe, 1727 wurde sie jedoch kurzzeitig entweiht, denn am Altar der Kirche war ein Selbstmord geschehen. 1809

Relief an der Peterskirche

Unheimliche Begegnung der anderen Art

Die Anfänge der Katharinenkapelle über Endingen gehen wohl auf das 14. Jahrhundert zurück, seit Beginn des 18. Jahrhunderts lebten auf dem Berg Eremiten in einer kleinen Klause, von denen Josef Heisler Probleme mit der Obrigkeit bekam: Ihm wurden magische Praktiken und Beschwörungen vorgeworfen. Um 1720 war das Kirchlein in schlechtem Zustand, die drei Gemeinden Endingen, Amoltern und Schelingen, deren

wurde sie, ohnehin in baufälligem Zustand, einmal mehr exsekriert, den Umschwung brachte erst 1860 ein Besuch des badischen Großherzogs in Begleitung des preußischen Königs Wilhelm I. und seiner Gattin, die daraufhin Ausstattungsstücke für das Gotteshaus stifteten. Die bereits veranschlagten Reparaturen wurden endlich in Angriff genommen und die Katharinenkapelle 1862 erneut geweiht.

Dämonische Milchproduktion: die Hexe und ihr Meister

10

DÄMONISCHE MELKERIN

Die Milchhexe von Eppingen

Wer in Eppingen einer Hexe begegnen möchte, der muss – ausgerechnet – in die Kirche gehen. Auch ihr Herr und Meister ist dort anwesend. Beide gehen einer äußerst seltsamen Tätigkeit nach.

Eppingen, Landkreis Heilbronn (HN) **Ort** Kirchgasse 10, 75031 Eppingen **GPS** 49.137574, 8.910580 **Anfahrt** Bahnhof Eppingen (S-Bahn Karlsruhe–Heilbronn) A6, Ausfahrt Sinsheim-Steinsfurt

DER FEIND IN DER KIRCHE – Die stattliche und ehrwürdige katholische Pfarrkirche Unserer Lieben Frau liegt beherrschend auf einem Hügelchen in der fachwerkgesäumten Altstadt von Eppingen. Wer sie betritt, der trifft jedoch über dem Seitenportal der Nordwand auf eine ganz und gar nicht liebe Frau. Eindeutig handelt es sich um eine sogenannte Milchhexe, die dort aus einem Beil die weiße Flüssigkeit melkt, die in einen bereits gut gefüllten Bottich fließt. Rechts von ihr steht ihr Meister, der Teufel höchstpersönlich, der in der linken Hand ein Schriftstück hält, während er ihr mit der rechten Hand einen Krug hinhält. Beide sind, wie von ihren Mündern ausgehende Schriftbänder zeigen, ins Gespräch vertieft. Bevor wir näher darauf eingehen werden, was hier genau vor sich geht, kurz etwas zum kunsthistorischen Hintergrund. Bis auf noch ältere Teile des Turmes geht der Kirchenbau auf die Zeit um 1450 zurück, später wurde er jedoch stark verändert, nachdem die Reformation einerseits eine zwischenzeitliche Aufteilung auf beide Konfessionen, aber auch zu Beginn einen Bildersturm hervorgebracht hatte. Dem fiel zwar ein Großteil der Ausstattung zum Opfer, die Fresken im Inneren wurden dadurch jedoch nicht beschädigt, im Gegenteil, durch ihre Übermalung wurden sie ungewollt ziemlich gut für die Nachwelt konserviert. Die Bilder im Turm allerdings – vermutlich aus dem Jahr 1384 stammend, waren bereits vorher nicht mehr sichtbar gewesen, weshalb man sie um 1500 durch neue Malereien im Langhaus ersetzt hatte – so entstand, gegen 1520, auch unsere Milchhexe, der Künstler ist unbekannt.

VIELE FRAGEN AN DIE HEXE – Doch nicht nur der Maler bleibt ein Rätsel, auch das Warum der kuriosen Darstellung von der stabmelkenden Unholdin. Alle anderen Bilder zeigen religiöse Motive, soweit sie noch erkennbar sind. Die Milchhexe dagegen entstammt dem Alltagsaberglauben der Menschen zur Zeit der Entstehung der Fresken. Dokumentiert wird dies in einer Predigt des damals äußerst populären Straßburger Münsterpredigers Geiler von Kaysersberg, der seine Gemeinde 1508 über das Thema »Wie daß die Hexen Milch aus einem Axthelm melken« informierte. Seine Reden wurden gedruckt und könnten den Künstler inspiriert haben. Die Eppinger Hexe handelt exakt den damaligen Vorstellungen entsprechend: Sie hatte ein Beil in die Wand geschlagen, aus dessen Stiel sie nun Milch in einen Bottich melkt. Verantwortlich hierfür ist aber eigentlich der ihr gegenüberstehende Teufel, denn seine Aufgabe ist es, einem Stall vorher einer Kuh ihre Milch zu rauben. Natürlich verbergen sich dahinter Ängste der Landbevölkerung, ihre Erklärung für das Ausbleiben von Milch oder von Krankheiten beim Vieh. Blut beim Melken etwa oder schnell sauer werdende oder auffällig gefärbte oder schmeckende Milch konnten auf Hexen- bzw. Teufelswerk zurückgeführt werden. Hin und wieder taucht die Hexe

Das verfallene Nebengebäude der Kirche ...

... ist ein stattliches Fachwerkhaus in der Tradition Eppingens.

höchstpersönlich im Stall auf, für gewöhnlich überlässt sie das gefährliche Geschäft des Milchraubes aber dem Teufel. Der leitet die Milch dann über den Stab einer Axt (oder ähnliches Gerät bis hin zu gerollten Tüchern) an seine Dienerin weiter. Warum sich die Hexe ausgerechnet so sehr für Milch interessiert, ist klar: Es ist eine lebensspendende Flüssigkeit, die für Fruchtbarkeit steht. Damit lässt sich für eine Zauberin naturgemäß viel Böses anstellen. Aber was vermittelte dieses Motiv den Eppingern während des Kirchenbesuches? Aufschluss könnten die Worte der Schriftbänder geben. Aber was die Hexe zum Teufel sagt, bleibt uns leider ebenso verborgen wie die Botschaft auf dem vom Leibhaftigen mitgebrachten Zettel: Die Buchstaben sind größtenteils verblasst und wohl für alle Ewigkeit unleserlich geworden.

Unheimliche Begegnung der anderen Art

Gleich nebenan präsentiert sich Besucherinnen und Besuchern eine moderne Fassadenmalerei mit ebenfalls altem Motiv: Der Künstler Friedrich Andernach verzierte 2002 das Nachbarhaus mit einem Totentanz. Fröhlich aufspielende Skelette holen hier Menschen allen Alters und aller Schichten, insbesondere auch kirchliche Würdenträger beider Konfessionen zum letzten Gang ab. Die traditionelle Mahnung an die Sterblichkeit befindet sich hierfür an einem guten Platz: Bei dem für Eppingen typischen Fachwerkhaus handelt es sich um die umgebaute frühere Katharinenkapelle – sie diente im Spätmittelalter als Beinhaus des die Kirche umgebenden Friedhofes.

Neben der Pfarrkirche gemahnt dieser Totentanz an die Vergänglichkeit

DÄMONISCHE MELKERIN

11

EIN SKELETT IM WALD

Der Totenmannstein bei Ettlingen

Tote beherrschen Ettlingen und Umgebung. Ist es im Moosalbtal der ebenso unheimliche wie rätselhafte Totenmannstein, so sind es an der Alexiuskapelle nicht weniger als elf spukende Ex-Stadträte.

Ettlingen, Landkreis Karlsruhe (KA) **Ort** Wanderweg hinter Moosalbtalstr. 4, 76369 Marxzell (Totenmannstein) **GPS** 48.890433, 8.443964 (Totenmannstein) Durlacher Straße, 76275 Ettlingen (Alexiuskapelle) **GPS** 48.947643, 8.412822 (Alexiuskapelle) **Anfahrt** Bahnhof Ettlingen-Stadt (S 1/11 Neureut–Karlsruhe–Bad Herrenalb/Ittersbach); Bahnhof Fischweier (S1 Neureut–Karlsruhe–Bad Herrenalb) A5, Ausfahrt Ettlingen

7 von einst 11 Steinkreuzen: Erinnern sie an geköpfte Stadträte?

DER TOD IM WALD – Leicht zu finden ist er nicht, der Tote Mann. Geht man von der S-Bahn-Haltestelle Fischweier oder vom Parkplatz beim Imbiss an der Moosalbtalstraße leicht ansteigend westlich, muss man nach den letzten Gebäuden des Weilers links auf einen gekennzeichneten Waldweg über das Flüsschen hoch in den Wald, wo man sich schließlich links hält und irgendwann auf den Stein stößt, der rechts am Hang aufragt. Ein Skelett grinst uns entgegen, wobei ihm das Grinsen durch die Witterung über die Jahrhunderte etwas vergangen ist, was aber durch das Stechende seiner leeren Augenhöhlen an Wirkung mehr als adäquat ersetzt wird. Gerade seine leicht plump wirkende Form macht die Figur um einiges unheimlicher. Auch dem Laien ist klar, dass es sich um eine sehr alte Stele halten muss – nur, was hat sie hier, einsam und abgelegen, zu bedeuten? Seit Jahrhunderten verlief dort – und daran hat sich wenig geändert – eine Grenze zwischen Ettlinger Besitz und den benachbarten Gemeinden. Aber Grenzsteine tragen gewöhnlich keine Skelette als Abbilder und sind zumeist kleiner. Dass der Tote Mann jedoch als Grenzmarkierung diente, ist unzweifelhaft, bereits 1461 wird er das erste Mal und in der Folgezeit immer wieder bei sogenannten Umgängen zur Überwachung des Grenzverlaufs und der ihn kennzeichnenden Steine genannt, einem offiziellen und dadurch dokumentierten Vorgehen. Der Tote Mann bewachte die Grenze, aber das erklärte keineswegs sein Vorhandensein. Auch das angrenzende Flurstück heißt Toter Man bzw. Am Toten Mann, ob es allerdings zuerst so genannt wurde und nach ihm der Stein oder umgekehrt, bleibt unklar.

RÄTSEL ÜBER RÄTSEL – Natürlich weiß aber die Sage Bescheid: Ein Mann habe hier ein Starennest im Baum geplündert, auf den Vorwurf eines vorbeikommenden Wanderers, am heutigen Dreifaltigkeitssonntag sei es eine Sünde, überhaupt zu arbeiten, versprach der hoch im Geäst Sitzende, er werde den schönsten der Vögel quasi als Opfer hier zurücklassen. Doch da ein Exemplar schöner war als das nächste, konnte er sich hierzu nicht durchringen und steckte alle Tiere ein. Die Strafe folgte prompt: Der Ast brach, der blasphemische Vogelräuber fiel in die Tiefe und starb. Gefunden wurde er erst sehr viel später, längst zum Skelett verwest. Die Geschichte ist so bizarr, dass sie durchaus wahre Züge enthalten könnte. Zumindest ist davon auszugehen, dass an der Stelle, wo noch heute der Stein steht, tatsächlich einst vor langer Zeit ein Toter gefunden wurde. Womöglich ein verunglückter Reisender, Waldarbeiter oder von sonst einem Unglück Betroffener. Dass der Tote Mann keinen Hinweis auf die Person gibt, spricht für einen Unbekannten, einen Fremden – es war keineswegs ungewöhnlich, aus Pietätsgründen solch einen mahnenden Stein aufzustellen. Er zeigt natürlich nicht den verwesenden Toten, sondern Gevatter Tod an sich, den Sensenmann. Gut erkennbar ist die von ihm mit der rechten Hand hochgehaltene Sanduhr. Auch die charakteristische Sense hatte er einst besessen, frühere Abbildungen zeigen sie deutlich als Pendant in der Linken des Gerippes. Ihr Fehlen wirft einige Fragen auf. Ist der Totenmannstein noch der echte Totenmannstein? Ganz sicher nicht: Unser Exemplar im Wald ist eine Kopie, das Original steht inzwischen im Ettlinger Albgaumuseum. Aber auch dieses gibt allerhand Rätsel auf: Die eingemeißelte Zahl 1570 deutet auf ein Ersetzen eines Vorgängers hin, auch kunsthistorisch würde dies ungefähr passen. Aber wohin sind die Sense und das mehrfach erwähnte Ettlinger Wappen auf der Rückseite verschwunden? Und auch der angebrachte

Spruch »VON ALTTERS HER ZUM TOTTEN MANN WERDT ICH VON DER STAD ETTLINGEN GENANT« scheint Schreibweise und Position geändert zu haben. Womöglich sind »Renovierungen« für die Veränderungen verantwortlich. Vermutlich keine Auskunft hierüber gibt der Tote Mann selbst, der als Gespenst in der Nähe des Steines des Öfteren zu sehen und zu hören ist, wie versichert wird.

KOPF AB – In der Stadt Ettlingen selbst wäre er in guter Gesellschaft. Und zwar in doppeltem Sinne: Bei seinen Mitgespenstern handelt es sich nicht nur um Mitglieder der gehobenen Schichten, sondern gleich um deren elf. Als die Ettlinger Streit um gewisse Weiderechte mit dem Kloster Frauenalb hatten, zu diesem zogen und es in Brand setzten, erzürnte dies den klösterlichen Schutzherrn, den badischen Markgrafen, so sehr, dass er kurzerhand die zwölf städtischen Ratsherren zur Hinrichtung führen ließ. Als er seinen Hofnarren Hansl fragte, wie ihm dieses Köpfen gefiele, antwortete dieser: Wenn die Menschen wie Weidenköpfe im Frühjahr wieder ausschlügen, gefiele es ihm schon. Daraufhin habe der Markgraf immerhin den letzten verbliebenen Ratsherrn verschont. Die elf getöteten Stadträte wurden außerhalb am Gutleutehaus, dem abgesonderten Leprosenspital, beerdigt und erhielten jeweils ein Steinkreuz zur Erinnerung. Sonderlich ehrenhaft war dies trotzdem nicht, weshalb sie keine Ruhe finden konnten und weiterhin auf Erden umgehen müssen. Aus gutem Grund treiben sie sich heute bei der Alexiuskapelle herum, die als einziger Überrest an das frühere Siechenhaus erinnert. Und auch die Steinkreuze sind, als sogenanntes »Nest«, dort noch immer vorhanden. Wer genauer hinschaut, zählt allerdings nur noch sieben, mit der Zeit sind die verbürgten elf, teils ist sogar von zwölf die Rede, dezimiert worden, auch ihr jeweiliger Zustand reicht von sehr gut erhalten bis hin zum abgebrochenen Stumpf. Beim Betrachten wird zwar einerseits auch klar, dass die Kreuze verschiedenen Zeiträumen entstammen müssen – und somit nicht zur Sage passen –, aber andererseits mit den ihnen eingeritzten diversen Handwerkszeugen und naturgemäß der Häufung an einem Ort durchaus ungewöhnlich sind. Ihr Standort hat sich mehrfach (leicht) verändert. Vom erwähnten später abgebrochenen Gutleutehaus wanderten sie in hübscher Reihung rund um die Kapelle, heute sind sie als kleiner Mini-Park neben dieser angelegt. Die elf toten Ratsleute wurden in unseren Tagen nicht mehr so oft gesehen, vielleicht weil sie nur noch zu siebt sind – oder weil sie den Straßenverkehr um die Alexiuskapelle herum nicht sonderlich mögen.

Unheimliche Begegnung der anderen Art

Der Ettlinger Narrenbrunnen vor dem Schloss hat wenig gemein mit seinen üblichen Namensvettern in so ziemlich jeder baden-württembergischen Ortschaft. Nicht nur geht er mindestens bis auf das frühe 16. Jahrhundert zurück – er selbst trägt die Jahreszahl 1549, aber schon davor, 1532, wird ein »huß bym narrenbronnen« genannt – er zeigt auch keine Fastnachtsfigur, sondern eine historische Persönlichkeit, Hansl von Singen, den aus der Sage bekannten, jedoch historisch verbürgten Hofnarren des badischen Markgrafen Ernst I. (1533–1553). Neben einem Spruch manifestiert eine kleine Assistenzfigur am Brunnen Hansls Meinung zum Zustand der Welt: Sie hält uns statt eines Narrenspiegels den blanken Hintern entgegen.

Der Totenmann in voller Pracht.
An wen erinnert er?

EIN SKELETT IM WALD

Unheimlicher Schmuck an einem unheimlichen Gebäude: das Haus zum Walfisch.

12

TANZ IN DEN TOD

Das Haus zum Walfisch in Freiburg

Reiseführer empfehlen es als Highlight in der Altstadt für Kunstliebhaber, aber das Haus zum Walfisch hat noch eine ganz andere Vergangenheit, die es weltweit berühmt-berüchtigt macht.

Freiburg im Breisgau, Stadtkreis Freiburg (FR) **Ort** Franziskanerstr. 5, 79098 Freiburg im Breisgau **GPS** 47.996342, 7.850616 **Anfahrt** Freiburg im Breisgau Hbf (S-Bahn, RB, RE, ICE) A5, Ausfahrt Freiburg-Mitte

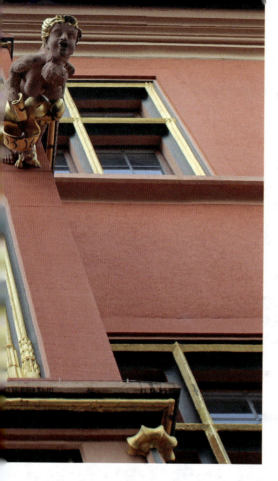

LETZTE SCHRITTE – Die junge Amerikanerin Suzy Banyon folgte 1977 dem hervorragenden Ruf der Tanzakademie Freiburg in die Breisgaumetropole, um hier ihr Talent zu vervollkommnen. Doch der Empfang war eher durchwachsen, nicht nur, dass es seit ihrer Ankunft in Deutschland in einer Tour strömend regnete – endlich in der Escherstraße angekommen, kam ihr erst aus dem Gebäude der Tanzschule ein verstörtes Mädchen entgegen, anschließend wurde sie nicht eingelassen. Beides klärte sich am nächsten Tag auf: Aufgrund der Verwirrung um die entlaufene Schülerin, die später gemeinsam mit einer Freundin tot aufgefunden wurde, hatte man die Ankunft Banyons offenkundig übersehen. Doch auch das Einleben in dem Internat fiel der Amerikanerin nicht leicht, geplagt von Schwächeanfällen und einem unschönen Vorfall mit verrotteten Lebensmitteln folgten der Hinauswurf und anschließend grausame Tod des hauseigenen Pianospielers, der von seinem eigenen Blindenhund angegriffen worden war. Schließlich verschwand, angeblich unangekündigt abgereist, ihre Kameradin Pat, die hinter all den Vorfällen mehr als nur Zufall vermutete. Nun selbst Nachforschungen anstellend und Beratung bei Psychologen suchend, erfuhr Banyon, dass die Akademie einst 1895 von einer Griechin namens Elena Markos gegründet worden war, die zwar einerseits eine angesehene Ballettlehrerin war, andererseits aber im Ruf stand, sich dem Okkulten verschrieben zu haben. Zu beidem hatte sie Bücher veröffentlicht und beides lehrte sie an ihrer Schule. 1905 allerdings kam sie im Rahmen einer okkulten Sitzung bei einem Brand um. Nur die Tanzschule wurde weitergeführt. Doch die Direktorin zu Banyons Zeiten, die nie jemand zu Gesicht bekam, hieß weiterhin: Elena Markos.

EINE HEXE IM WALFISCH – Suzy Banyon konnte Elena Markos schließlich aufspüren und töten. Es war das Ende der Mutter Suspiria, einer von drei Hexen, die in verschiedenen Orten durch den nicht eingeweihten Architekten E. Varelli markante Gebäude errichten lassen, von denen aus sie die Unterwerfung der Welt steuern wollen. Eines davon: die Tanzakademie Freiburg. Nun, wer die Escherstraße in sein Navi eingibt, wird diese allerdings nicht finden. Wohl aber das Haus zum Walfisch, im Film auch »Erasmus-Palais« genannt, in der Franziskanerstraße. Es ist unverkennbar mit Elena Markos' Tanzakademie identisch, wenn auch reichlich älter und zum Glück unversehrt – denn am Ende von Dario Argentos filmischem Meisterwerk *Suspiria*, von dem bislang hier die Rede war, brennt das wunderschöne Gebäude aufgrund des Endes der Herrschaft der Hexe ab. Es war glücklicherweise nur die Studioversion, ein detailgetreuer Nachbau der Fassade in Rom, das Original hat zwar einige Schäden im Laufe der Jahrhunderte überstehen müssen, diese waren aber keineswegs mysteriöser Natur und sind längst behoben. Das Haus zum Walfisch mit seiner roten Fassade und dem markanten Erker ist weder ein Bau aus dem späten 19. Jahrhundert noch des nicht-existenten Architekten Varelli, sondern zählt zu den herausragenden Beispielen profaner Baukunst der Spätgotik – in Freiburg, aber auch in Deutschland. Erbaut zwischen 1516 und 1530 auf Veranlassung des reichen Adligen und Freiburger Bürgers Jakob Villinger, der als Finanzberater in Diensten Kaiser Maximilians I. stand, ging es nach vielen Besitzerwechseln 1909 an die Sparkasse über, der es auch noch heute gehört. Erasmus von Rotterdam lebte hier zwei Jahre, bevor er umzog, Kaiser Ferdinand I. (1558–1564) verlebte hier einige Wochen während des Jahreswechsels von 1562 auf 1563.

EIN HORRORKLASSIKER – Elena Markos übte ihr verderbliches Regime über 140 Jahre aus, davon immerhin fast achtzig in Freiburg. Allerdings lag ihre getarnte Tanzschule keineswegs in der nicht vorhandenen Escherstraße – die Umbenennung erfolgte als Hommage an den Schweizer Künstler H. C. Escher – und auch nicht im Wald. Ein Schwarzwald, der zwar schon im Flughafen auf Plakaten angekündigt wird, aber so ganz sicher von keinem Tourismusbüro präsentiert werden würde: düster, regnerisch, beängstigend. Damit passt er in das Szenario des italienischen Regisseurs Dario Argento, der mit *Suspiria* einen der faszinierendsten Horrorfilme der Kinogeschichte schuf, der noch heute sowohl bei Zuschauern wie Kritikern höchste Anerkennung findet, nicht wenigen gilt er als einer, wenn nicht der beste seines Genres in Europa oder überhaupt. Neben dem Schwarzwald als Ort einer ambivalenten Tradition der Romantik wählte Argento Freiburg als Schauplatz auch aufgrund der Faszination, die das rotgefärbte Haus

> Diese Pracht faszinierte Dario Argento.

zum Walfisch auf ihn ausübte und wohl der Ruf Freiburgs als eine Art okkultes Zentrum, der gerade in jenen Tagen international weit verbreitet war: Die im Film auftretenden Psychologen sind als Wissenschaftler einerseits Skeptiker, aber klären auch über die Machenschaften der Hexen und die Geschichte der Elena Markos auf. Dargestellt werden sie von den deutschen Schauspielern Rudolf Schündler und dem legendären Udo Kier, man darf darin sicher auch eine Anspielung auf das IGPP sehen. Eine Drehgenehmigung für die Innenräume des Gebäudes erhielt Argento in Freiburg nicht, weshalb er die Fassade ohnehin in einem Studio detailgetreu nachbauen ließ und das Innere ganz nach seinem eigenen Geschmack gestaltete. *Suspirias* Status als Filmklassiker hat unter anderem mit der Ausstattung und dem detailreichen Interieur zu tun, einem Sammelsurium von Stilen, vom dekadenten Barock bis zum caligarihaften Expressionismus, surreal bis Art nouveau, gefilmt in einer damals bereits veralteten Technik, eingetaucht in irreale Farbkombinationen. Hinzukommt eine musikalische Untermalung durch den kongenialen Soundtrack der italienischen Progressive-Rock-Band Goblin mit einem eingängigen wiederkehrenden Motiv, das bedrohlich und beunruhigend wirkt. Der Film wimmelt von Anspielungen auf Kunst, Literatur und natürlich andere Filme von Hitchcock bis Fritz Lang bis in die Besetzung mit Größen des amerikanischen (Joan Bennett) und italienischen Films (Alida Valli). Dass große Teile des Gesamtkunstwerkes erkennbar im nicht genannten München spielen (und auch dort gedreht wurden), braucht die Freiburger nicht zu stören, es ist der Name ihrer Stadt, der auf immer mit dem Film in Verbindung gebracht werden wird. Und die Tanzakademie findet man eben auch nur hier, auch wenn sie inzwischen so tut, als sei sie eine harmlose Bankfiliale.

Hereinspaziert zum Tanz in den Tod!

Das Gespenst nebenan

Maria Josefina Cristina de Zea Bermudez y Colombi, geboren 1841, hatte einen klangvollen Namen, aber ein trauriges Schicksal und ein schauriges Nachleben. Im September 1866 verstarb sie mit nur 25 Jahren, ausgerechnet während der Vorbereitungen zur kurz bevorstehenden Hochzeit mit Richard von Kageneck auf dem Schloss in Munzingen, heute ein Freiburger Stadtteil. Gerüchte umwehten den unerwarteten Tod, war es Selbstmord oder die Tat einer eifersüchtigen Nebenbuhlerin? Gift soll im Spiel gewesen sein. Als weißes Fräulein geht die Tote nun um, jedoch nicht in Munzingen, sondern auf dem Dach des Colombi-Schlössles am Rotteckring, das ihre Mutter einst hatte erbauen lassen. Dort ist sie in nächtlichen Stunden zu sehen, auf der Suche nach jemandem, der es auf sich nimmt, sie zu erlösen.

13
SPUK UNTER DEM MIKROSKOP

Das Freiburger Institut für Grenzgebiete der Psychologie und Psychohygiene

Dass es keine Gespenster gibt, wird uns schon als Kindern beigebracht.
Aber ist das wirklich so? In Freiburg wird versucht,
diese uralte Frage der Menschheit wissenschaftlich zu klären.

Freiburg im Breisgau, Stadtkreis Freiburg (FR)
Ort Wilhelmstr. 3A, 79098 Freiburg im Breisgau **GPS** 47.993224, 7.842740
Anfahrt Freiburg im Breisgau Hbf (S-Bahn, RB, RE, ICE) A5, Ausfahrt Freiburg-Mitte

Hexerei in der Schule:
An der neuen Vigelius-Schule spukte es.

RÄTSELHAFTES IN DER SCHULE – Es war unheimlich: Immer wenn die Angestellten der Firma B. im Keller der neuen Schule des Freiburger Stadtteils Haslach neue Haken in der Wand befestigt hatten, um dort eine Kabeltrasse zu verlegen, saßen die angebrachten Traversen binnen kürzester Zeit locker. Die Mitarbeiter vermuteten dahinter ihren Lehrling Heiner S., der ihnen nun tatsächlich vormachte, wie er dies bewerkstelligte. Ohne die Haken zu berühren, im Abstand von einigen Metern, konzentrierte er sich auf die Stelle und schon nach wenigen Minuten konnten die vorher festgeschraubten Metallteile bewegt werden, die Schrauben saßen nur noch lose. Um sicherzugehen, dass sie keiner Täuschung unterlagen, riefen die Elektriker schließlich im März 1966 die Fachleute vom Institut für Grenzgebiete der Psychologie und Psychohygiene (IGPP) zu Hilfe, die mit einem Team unter Leitung von Professor Hans Bender anrückten, verschiedene Haken auf ihre Festigkeit prüften und dann Heiner S. baten, sein Vorgehen zu wiederholen. Von ihnen und den Firmenkollegen beobachtet, vollbrachte der Lehrling ein weiteres Mal das Kunststück, die Traversen an der Wand zu lockern, wie die Wissenschaftler schließlich dokumentierten. Sie untersuchten auch die Haken und Schrauben auf Manipulation, doch war nichts feststellbar. Heiner S. war allerdings bereits bekannt für seine womöglich psychokinetischen Fähigkeiten. Er hatte schon in Bremen eine Lehrstelle verloren, als es in dem dortigen Laden zu seltsamen Vorkommnissen, der Zerstörung von Geschirr ohne nachweisbare mechanische Einflüsse, gekommen war. Zugleich war Heiner S. aber ein psychisch schwer belasteter junger Mann von 14 Jahren, der gern zu Aufschneidereien neigte und in schwierigen Verhältnissen aufgewachsen war. Damit lag einerseits immer der Verdacht des Betrugs in der Luft, andererseits entsprach er damit wiederum genau dem Schema für Jugendliche, die nach Meinung der Parapsychologen solche Spuk-Vorfälle auslösen konnten. 1978 behauptete Heiner S. in einem spektakulären Geständnis, all die Vorfälle getrickst zu haben – doch hielten seine Behauptungen der Überprüfung nicht stand. In Freiburg war er noch im Sommer 1966 von seinem Arbeitgeber entlassen worden – nachdem auf unerklärliche Weise ständig Neonröhren geplatzt waren.

UNERKLÄRLICHE PHÄNOMENE – In seiner Rede zur Eröffnung des von ihm gegründeten Instituts erklärte Hans Bender 1950 sowohl den ungewöhnlichen Namen als auch die Aufgaben der Einrichtung genauer: »Mannigfache soziale Einstellungen und Haltungen bauen sich auf echten und vermeintlichen okkulten Erlebnissen auf. Krisenzeiten verstärken die Bereitschaft, sich dem Okkulten zuzuwenden. Viele suchen dann einen Halt bei Menschen, die im Besitze okkulter Fähigkeiten sein sollen: bei Hellsehern, Wahrsagern, Astrologen, Psychographologen usw. […] Sekten, Zirkel und okkulte Vereinigungen warten darauf, solche Blindgläubigen einzufangen. Es ist ein verwirrender Aspekt mit seinen sozialen Folgen der Fehleinstellung, der Flucht vor der Wirklichkeit. […] Hier ist der Psychohygiene eine große Aufgabe gestellt: nämlich die Aufklärung, die Vermittlung von Kenntnissen über Erscheinungsformen der Begegnung mit dem Ungewöhnlichen, die Aufstellung eines Ordnungsschemas, das auch dem einfachen Menschen faßlich ist und ihm zu benennen ermöglicht, was ihn sonst beunruhigt; denn schon das Nennen bannt bekanntlich die Dämonen.« Es geht also bei der Psychohygiene um einen ganz praktischen, anwendbaren Zweck, hier bietet das Institut Menschen Hilfe an, die sich in irgendeiner Form außergewöhnlichen Phänomenen gegenübersehen oder einfach Informationen möchten über bestimmte Praktiken oder Vereinigungen.

Dass IGPP erarbeitete sich im Laufe seiner Existenz den Ruf als Autorität auf dem Gebiet des scheinbar Unerklärlichen. Dort gemeldete Phänomene werden nicht nur vorurteilsfrei, sondern von ausgebildeten Fachleuten mit wissenschaftlichen Methoden untersucht. »Der Akzent der parapsychologischen Forschung von heute liegt ganz und gar auf der Sicherung der Fakten und der Erforschung der Bedingungen ihres Auftretens«, äußerte Hans Bender 1960. Das akribische Vorgehen wird nicht nur dokumentiert und archiviert, sondern das Ergebnis präsentiert und zugleich wird eine Erklärung gesucht – oder eben auch eingeräumt, dass bislang keine plausible Ursache gefunden werden konnte. Das unauffällig Nüchterne des Gebäudes in der Wilhelmstraße passt somit bestens zum Prinzip des Instituts, sich von einem neutralen, rationalen Standpunkt aus der Untersuchung von Hellseherei, Telepathie und anderer Phänomene vermeintlich unerklärlicher Natur zu widmen. Nach der Gründung richtete die Universität zudem dem gebürtigen Freiburger Bender, ausgebildeten und mehrfach promovierten Romanisten, Philosophen, Psychologen und Mediziner, den deutschlandweit einzigartigen Lehrstuhl für Parapsychologie ein. Auch nach dessen Tod 1991 existiert das IGPP weiter, sogar umfassender ausgestattet, mit mehr Personal und vor allem einem umfangreichen Archiv, dazu der größten Bibliothek zu parapsychologischen Themen in ganz Europa.

GESPENSTERJAGD – Wie im Falle der Haslacher Schule gehört zu den Untersuchungsgebieten auch der Spuk. Hans Benders berichtete, er habe im Laufe seiner Karriere etwa 60 solcher Phänomene genauer – meist vor Ort – untersucht, überwiegend handelte es sich dabei verschiedene Formen von Poltergeist-Erscheinungen. Auch hier war der Ansatz eine experimentell-sachliche Betrachtung und die Hinzuziehung von allerlei Experten. Bekannt wurden in der gesamten Bundesrepublik Schlagzeilen machende Fälle wie der Spuk in einer Rosenheimer Anwaltskanzlei 1968 oder der berühmte sprechende Geist Chopper aus einer Zahnarztpraxis bei Regensburg. Auch uns begegnet das Institut in einigen Kapiteln immer mal wieder (siehe 14 und 26). Bei allem Aufsehen, das diese und andere Fälle – etwa die spektakulären Auftritte des berühmten Besteckverbiegers Uri Geller, die Bender ebenfalls untersuchte – brachten, waren die Ergebnisse bestenfalls ambivalent. Oft blieb es bei einem offenen Ausgang, eine befriedigende Erklärung für die Ereignisse fand sich nicht, Skeptiker und Befürworter fühlten sich beide bestätigt. Darin lag und liegt die Krux der Parapsychologie, trotz inzwischen jahrzehntelanger Forschung fehlt es ihr noch immer an der allgemeinen wissenschaftlichen Anerkennung. Den »Gläubigen«, Okkultisten, Esoterikern und Geistersehern ist das IGPP zu rational und skeptisch, manch Wissenschaftler dagegen findet das Untersuchungsgebiet weiterhin zu unseriös. An der Faszination, die der Versuch ausstrahlt, dem Unerklärlichen mit Methode und Exaktheit auf die Spur zu kommen, hat sich allerdings nichts geändert.

Das Gespenst nebenan

Wer sich von Spuk in irgendeiner Form bedroht oder belästigt fühlt oder auch Informationen sucht über bestimmte Sekten, esoterische Gruppen oder okkulte Phänomene und Praktiken, der findet außer im IGPP Hilfe auch bei der Parapsychologischen Beratungsstelle in der Freiburger Hildastr. 64. Das mehrköpfige Team unter Leitung von Walter von Lucadou berät jährlich an die 3000 Menschen und bietet zudem aufklärende Vorträge und Informationsveranstaltungen an. Mehr unter http://www.parapsychologische-beratungsstelle.de/

Unauffällig und nüchtern zwischen Geschäften und Büros: das IGPP

Mondän und verschachtelt: das Hotel am Rande der Stadt ...

14

URLAUB MIT VOLLPENSION UND GESPENST

Das Hotel Waldlust in Freudenstadt

Die Waldlust in Freudenstadt zählt mittlerweile zu den bekanntesten Lost Places mindestens des Bundeslandes, wenn nicht Deutschlands: Aber es sind längst nicht nur der Charme des verfallenden Luxus', sondern auch zahlreiche unheimliche Vorfälle, die – wieder – Gäste dorthin locken.

Freudenstadt, Landkreis Freudenstadt (FDS)
Ort Lauterbadstr. 92 13, 72250 Freudenstadt **GPS** 48.454615, 8.417446
Anfahrt Bahnhof Freudenstadt Hbf (RE Stuttgart – Freudenstadt Hbf) oder Stadtbahnhof (S-Bahn Karlsruhe – Freudenstadt) A81, Ausfahrt Horb (weiter auf B32 bzw. 28)

ADELE B. – Es ist natürlich eine besondere Ehre, wenn man sich einen luxuriösen Urlaub im Schwarzwald gönnt und in der edlen Herberge höchstpersönlich von der Besitzerin begrüßt wird. Allerdings nicht, wenn diese seit Langem tot ist. Und Opfer eines grausamen Verbrechens in ihrem eigenen Hotel geworden war. Adele »Adi« B. war nach dem Zweiten Weltkrieg in einem der Zimmer ihres Edelressorts umgebracht worden. Seither ging es mit dem Hotelbetrieb bergab – und dort nicht mehr mit rechten Dingen zu. Dabei hatte alles so vielversprechend begonnen: 1881 hießen die Freudenstädter offiziell den ersten Kurgast willkommen, angelockt von der guten und heilsamen Schwarzwaldluft, viele sollten ihm bald folgen. Ernst Luz hatte bereits ein gutgehendes Hotel am Bahnhof errichtet, als er das Potenzial für eine noch weitaus edlere Luxusherberge sah. Er ließ 1902 sein Sommerhaus Waldlust zu einem mondänen Hotel ausbauen. Hierfür sollte an nichts gespart werden und natürlich musste ein Stararchitekt jener Tage für das Vorhaben her: Wilhelm Vittali. Der hatte zwar einerseits recht profane Dinge wie etwa Bahnhöfe gebaut, sich aber ebenso einen internationalen Ruf als in Paris ausgebildeter Schöpfer anspruchsvoller Kurhäuser und glanzvoller Unterkünfte von Bad Ems über Baden-Baden bis Metz erarbeitet. Und so stellte Vittali seinem Auftraggeber einen prächtigen Bettenpalast hin, der mit allem damals notwendigem Schnickschnack in einer Mischung aus Historismus, Jugend- und Heimatstil versehen war, wie ihn das zahlungskräftige Publikum jener Tage so liebte. Nach dem Tod des Architekten wurde der Bau noch erweitert, ein Festsaal kam hinzu, ganze 140 Zimmer waren es schließlich, davon sechzig mit eigenen Bädern, gut hundert hatten großzügige Balkons, ein weitläufiger Park am Waldhang wurde angelegt. Luz hatte unzweifelhaft vorausschauend gehandelt, der Andrang gab ihm Recht: Internationale Stargäste kamen nach Freudenstadt, der Glanz des Hauses war von Weltrang.

AUF DER GÄSTELISTE – Es war der Tod, der dem ein Ende setzte. Erst das Massensterben des Zweiten Weltkriegs, in dem das Hotel zwischenzeitlich zum Lazarett umfunktioniert worden war, dann der Tod der Hotelbesitzerin Adele B. Der ungeklärte Fall zerstörte den Ruf und das Behagen der Gäste, aber die Ära der großen Luxusherbergen im Schwarzwald war ohnehin zu Ende, dafür brauchte es gar keine spukende Hotelchefin – siehe unten. Die Waldlust sorgte nun für andere Schlagzeilen. Im Winter 2018 war eine rheinland-pfälzische Delegation von Kriminalbeamten zu Gast im Schwarzwald, um sich dort einem Coaching-Seminar zu widmen. Offenbar aber zogen die Polizisten das mit ihrem Beruf verbundene Verbrechen geradezu magisch an, denn es kam während ihres Aufenthaltes gleich zu mehreren Todesfällen in dem heruntergekommenen Hotelgebäude, dass sie für ihre Fortbildung gewählt hatten. Lorenzhof hieß das unwirtliche Haus, die Kriminalisten stammten aus Ludwigshafen und standen unter Führung der Hauptkommissarin Lena Odenthal – es handelte sich um eine Folge der ARD-Reihe *Tatort*. Der Drehort war

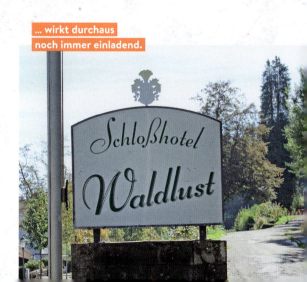

... wirkt durchaus noch immer einladend.

zwar umbenannt worden, der Name der Episode verriet Eingeweihten aber, wie der vermeintliche Lorenzhof tatsächlich heißt: »Waldlust«. Es waren nicht die ersten und auch nicht die letzten Filmaufnahmen vor Ort, das ehemalige Luxushotel diente inzwischen als Kulisse für weitere Krimi- und Horrorfilme, natürlich auch für Dokus über Lost Places. Lange vorbei waren die Zeiten, da Schauspielerinnen und Schauspieler dort residierten, nicht um zu drehen, sondern um sich zu erholen. Douglas Fairbanks und Mary Pickford etwa waren hier in ihren Glanztagen zu Gast, Hollywood-Legenden der Stummfilmära. Gekrönte Häupter ließen sich hier verwöhnen, darunter der König von Schweden, der Prince of Wales, aber auch Politiker von Rang wie der englische Premier Lloyd George und viele Bekannte und Unbekannte mehr.

Auch ein großer Park gehört dazu.

FÜNF STERNE PLUS SPUK – Der Hotelbetrieb immerhin ging auch nach dem Tod der Adele B. weiter – und eben womöglich sogar mit ihr. Das Personal und verschreckte Gäste, die ihren Aufenthalt nicht selten sofort abbrachen und das Haus überstürzt verließen, berichteten von allerlei schwer erklärbaren Phänomenen, typisch für ein von Spuk heimgesuchtes Haus: Schritte in menschenleeren Fluren, unheimliche Schreie aus gästelosen Zimmern, wackelnde Gläser und Lampen, sich verändernde Wandgemälde, Unglücksvorzeichen wie platzende Glühbirnen, die jeweils größeren Schaden ankündeten. Plötzliche Temperaturwechsel und unangenehme Gerüche gehörten ebenfalls zu den klassischen Phänomenen. Dies rief 2005 die nüchternen Forscher des renommierten Freiburger Instituts für Grenzgebiete der Psychologie und Psychohygiene (IGPP) – siehe 13 – auf den Plan, um die Vorfälle vor Ort zu untersuchen. Ihrer Meinung nach trugen hauptsächlich die veraltete Haustechnik und die verwinkelte Innenarchitektur des Gebäudes die Verantwortung, ganz ausschließen wollten sie unnatürliche Vorgänge aber nicht. Es war allerdings ohnehin das Jahr der endgültigen Schließung der Waldlust, fortan stand das riesige Gebäude leer. Adele B. hätte nun ganz allein über die Flure huschen müssen, gäbe es nicht die Filmschaffenden – und die umtriebigen Denkmalfreunde Freudenstadts, ein Verein, der das Luxushotel gerne als Kulturdenkmal erhalten möchte. Es ist weniger die Zeit der mondänen Besucher als der Ruf als Fotoobjekt und Spukhotel, der ihnen dabei hilft. Naturgemäß ist dies ein schmaler Grat: Der Reiz der Führungen durch das Gebäude und für die Künstlerinnen und Künstler, seien es nun Regisseure, Musiker oder eben Fotografen, liegt im morbiden Charme des Gebäudes; der Verfall und die angestaubte und verwahrloste Ausstattung im Inneren locken

In welchem der Zimmer spukt es wohl?

die zahlende Kundschaft. Dank der Gelder kann der Status quo erhalten werden, würde man umfassend sanieren, wäre der ganze Lost-Place-Grusel-Charme mit einem Mal verflogen. Der jüngste Schritt sind übrigens Übernachtungsmöglichkeiten für Hartgesottene – die sich einerseits in dem überwiegend leeren Gebäude nicht fürchten, andererseits nicht gerade höchsten Wert auf Komfort legen, vom Luxus vergangener Tage ist die Waldlust naturgemäß mittlerweile weit entfernt. Wer sich den kompletten Gruselfaktor des Hotels erhalten möchte, sollte ab dieser Stelle nicht weiterlesen: Ein Blick in die Annalen des Hotels und die Zeitungsberichte der Nachkriegszeit ernüchtert nämlich jeden, der auf eine Begegnung mit der untoten Hotelbesitzerin hofft. Eine Adele B. findet sich weder im Personalverzeichnis der Waldlust, noch ist etwas über einen Mord im Hotel zur fraglichen Zeit bekannt …

Unheimliche Begegnung der anderen Art

An der – erst später angelegten – Schwarzwaldhochstraße (B500) zwischen Freudenstadt und Baden-Baden reihten sich einstmals von der Waldlust ausgehend die Luxushotels regelrecht aneinander. Fast alle von ihnen sind monumentale Bauten aus der Zeit rund um die Jahrhundertwende mit viel Charme und vormals besucht von der Hautevolée aus Adel, Politik und Kunst, ebenso sind fast alle von ihnen längst Lost Places mit nicht weniger Horrorfilmaura wie ihr Freudenstädter Pendant. Wer möchte, kann von dort aus die verfallenen Hotels Alexanderschanze, Sand, Hundseck, Plättig und Bühlerhöhe aufsuchen – eine hübsche Wanderung. Wiederhergestellt wurde nach langem Leerstand das Hotel Zuflucht, dort besteht folglich Übernachtungsmöglichkeit – bequem und ohne Gespenst, soweit bekannt.

15

DER GUTE GEIST

Schloss Bronnen im Donautal

Von der idyllischen Lage über dem Donautal sollte man sich nicht täuschen lassen: Schloss Bronnen ist allgemein als von Geistern heimgesuchter Ort verrufen. Das bekam auch eine berühmt-berüchtigte Frau zu spüren.

Bronnen (Stadt Fridingen), Landkreis Tuttlingen (TUT)
Ort Schloss Bronnen, 78567 Fridingen an der Donau **GPS** 48.029824, 8.968044
Anfahrt Bahnhof Fridingen (RE Donaueschingen–Ulm, RB Tuttlingen–Sigmaringen) A81, Ausfahrt Tuningen

Kloster Beuron – kein Zutritt für Gespenster und Nazi-Frauen?

PLÖTZLICH GEISTERSCHLOSS – Ein Führer zu den Burgen der Schwäbischen Alb stellt mit leichtem Erstaunen fest, dass »über ein so einsam und versponnen liegendes Schloß« wie Bronnen über dem Donautal »keine Sagen im Umlauf sind«. Das Buch konstatiert aber zugleich, dass diese gewissermaßen schließlich doch noch entstanden sind, wenn auch spät, nämlich erst im 20. Jahrhundert. Vielleicht war es die Konkurrenz der zahlreichen anderen Burgen drum herum, die nicht früher hatten Geschichten über Bronnen entstehen – oder diese vergessen – lassen, aber da diese fast ausschließlich längst in Trümmer liegen, konnte das Schloss in seiner imposanten Lage auf einem Felssporn, der abgetrennt vom Hinterland – noch immer – nur über eine Zugbrücke zugänglich ist, doch noch zu seinem Gespenst kommen. Und das auf ziemlich spektakuläre Art. An sich ist die Historie des Ansitzes vorher nicht sonderlich aufregend, irgendwann im 12. Jahrhundert gebaut, gelangte die Burg über die Zollern und von Weitingen 1409 mitsamt der Herrschaft Mühlheim an die von Enzberg – und in deren Besitz blieb sie bis auf den heutigen Tag. Im 17. Jahrhundert in Verfall geraten, wurde sie in der Mitte des 18. Jahrhunderts fast komplett neuerrichtet, um nun als Jagdschlösschen zu dienen. Dafür ließ man sich nicht lumpen und beauftragte einem der wichtigsten Baumeister der Barockzeit in der Region, Johann Caspar Bagnato. Bronnen blieb auch nach dem Verlust der Herrschaft Mühlheim, wie erwähnt, Privatbesitz der von Enzberg, die es später zumeist vermieteten. All das ist für Kunstgeschichtler, Burgenforscher und Lokalhistoriker sicher recht interessant, aber nicht sonderlich unheimlich. Das Grauen kam erst nach dem Ersten Weltkrieg nach Bronnen. Die damaligen Bewohner vernahmen immer wieder seltsame, ihnen unerklärliche Geräusche, und sie wussten sich nicht anders zu helfen, als schließlich den örtlichen Pfarrer um Rat zu fragen. Dieser sagte zu, auf dem Schloss zu übernachten, und wurde tatsächlich bald von einer verschwommenen Gestalt aufgesucht, die sich von den Felsen her näherte. Und dabei blieb es nicht.

BRAUNER SPUK – Die Geräusche nahmen nicht ab, genauso wenig wie die unheimlichen Besucher: Immer mehr Gestalten tauchten in den Nächten auf, der Pfarrer versuchte es mit dem ihm zu Gebote stehenden Mitteln: Er sprach Gebete, bot seine Hilfe für die unerlösten Seelen an, für die er die Schemen hielt. Doch diese sprachen nicht. Trotzdem gelang es ihm, indirekt Kontakt zu ihnen aufzunehmen, via Lichtblitzen ließen sie ihm zu verstehen geben, dass Messen in Beuron für ihre Erlösung gelesen werden sollten. Was auch geschah. Aber offenbar nicht in ausreichendem Maße. Denn die unheimlichen Besuche ließen nur kurzzeitig nach. Überliefert sind diese Ereignisse für die Jahre 1920 und 1921, allerdings nur mündlich. Manchmal wird von zwei Gästen, einem Pfarrer und einem Arzt, gesprochen, diese sogar zu einer offiziellen Kommission erklärt. Ob moderne Sage oder nicht, Bronnen hatte in jedem Falle seinen Ruf weg, galt nunmehr als Gespensterschlössle. Dabei kam es für das Schloss im ganz irdischen Dasein schlimm genug. Nach der Machtübernahme durch die Nationalsozialisten enteigneten diese kurzerhand Schloss Bronnen und überließen es einer ihrer Frauenorganisationen. Gertrude Scholtz-Klink, gebürtige Badenerin aus Adelsheim, stieg ab 1934 zur »Reichsfrauenführerin« auf, ein zugleich machtloser Posten – sie war stets abhängig von männlichen Nazigrößen, die insgesamt reichlich wenig für Frauenpolitik übrighatten – und doch eine ideologisch einflussreiche Position, da sie stets linientreu das Bild erst von der braven Frau am Herd

DER GUTE GEIST

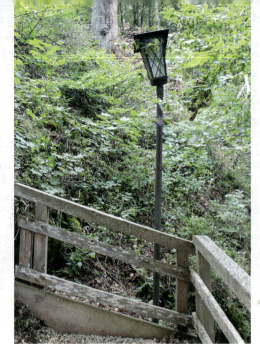

↑ Das Schloss wirkt abweisend …
↗ … die Beleuchtung ist spärlich.

und später der opferungsvollen Arbeiterin für den Krieg predigte, wobei sie insgesamt acht Millionen Mitgliedern vorstand. Scholtz-Klink jedenfalls wählte sich Bronnen als beliebten Erholungsort, verbrachte dort immer wieder gern längere Zeit. Da hatte allerdings jemand etwas dagegen: das Gespenst.

EIN FLUCH? – Offenbar war der Geist von Bronnen keineswegs regimetreu, zumindest aber wenig begeistert von der vermeintlich hochrangigen Person, die mit ihm auf Bronnen residierte. In einer der Nächte, da die »Reichsfrauenführerin« sich Mitte der 1930er Jahre im Schloss aufhielt, scheint er in solch furchterregender Gestalt aufgetreten zu sein, dass diese kurzerhand ins nahe Beuron floh, wo man ihr aber unter Hinweis auf die strenge Klausur den Einlass verwehrte. Scholtz-Klink musste mit einem Platz im Kuhstall vorliebnehmen. Bronnen war seither aus ihrer Besuchsliste gestrichen. Leider ist die Geschichte vom Geist im Widerstand nicht sonderlich plausibel, wie man zugeben muss. Einerseits kehrte Scholtz-Klink weiterhin nur allzu gerne nach Bronnen zurück, teils ging dies so weit, dass sich Frauen aus ihren Organisationen über ihre ständige Abwesenheit in Berlin beschwerten, so etwa in einem Brief an SS-Führer Heinrich Himmler vom April 1942, wo es heißt, dass sie »im Augenblick überhaupt nicht mehr zum Dienst komme, wieder einmal seit Wochen angeblich an einer Fehlgeburt in Bronnen liege«. Zudem ist es kaum glaubhaft, dass ausgerechnet die Beuroner Mönche der hochgestellten Dame die Tür gewiesen hätten. Nicht nur, weil dank vorgeschriebener benediktinischer Gastfreundlichkeit auch außerhalb der Klausur Übernachtungsräume vorhanden gewesen sein dürften, sondern vor allem, da Scholtz-Klink eng mit dem damaligen Abt Baur befreundet war. Der Geist von Bronnen konnte Scholtz-Klinks Ungeist also wohl leider nicht austreiben. Nebenbei bemerkt konnte das niemand: Die einstige Führungsfigur des Regimes blieb trotz –

vergleichsweise milder – Strafen zeit ihres Lebens eine überzeugte Nationalsozialistin. Für Bronnen immerhin hatte das braune Besatzungsregime anno 1945 ein Ende, es wurde den von Enzberg zurückgegeben. Den unheimlichen Ruf wurde es aber nicht mehr los, im Gegenteil schien mittlerweile so etwas wie ein Fluch über dem Schloss zu liegen. Und der äußerte sich leider ziemlich greifbar. 1946 brannte ein Großteil des Baus nieder, die Löscharbeiten gestalteten sich aufgrund der Lage und der Wetterverhältnisse äußerst schwierig. Immerhin erfolgte bald der Wiederaufbau im alten Stil. 1960 dann die nächste Großkatastrophe: Die zu Bronnen gehörende Mühle im Tal wurde durch einen Erdrutsch komplett begraben – die Einwohner hatten keine Chance, sie starben unter den Felstrümmern. Ob mit oder ohne Gespenst war das 20. Jahrhundert für Bronnen also alles andere als ein erfreuliches.

Unheimliche Begegnung der anderen Art

Auf der gegenüberliegenden Donauseite liegen die Überreste der Ruine mit dem skurrilen Namen Pfannenstiel. Ihr Ende geht angeblich auf einen Blitz zurück, der dort während einer Hochzeitsfeierlichkeit einschlug. Es war die Tochter des Hauses, die soeben verehelicht werden sollte, aber höhere Mächte hatten etwas dagegen: Das verwöhnte Einzelkind war über die späte Geburt eines Brüderchens einst so erbost, dass sie einen Plan zu dessen Ermordung aussheckte. Den damit beauftragten Jäger, der das Kind ertränken sollte, überfiel aber das Mitleid und er reichte den Jungen an eine alte Frau weiter, die ihn aufzog. Nach dem gewaltsamen Tod seiner Schwester erbte er Burg Pfannenstiel, er verspürte aber verständlicherweise wenig Lust, diese wieder aufzubauen.

Einsam und hoch oben über der Donau liegt Schloss Bronnen.

DER GUTE GEIST

Der Spuk ist vorbei: moderne Neubauten anstelle des Bauernhofes.

16

TERROR AUF DEM BAUERNHOF

Der Spuk von Großerlach

Es waren nur wenige Tage im Jahr 1916, die einen unscheinbaren Hof in einem unscheinbaren Dorf deutschlandweit berühmt machten. Ein Poltergeist sorgte für Angst und Zerstörung.

Großerlach, Rems-Murr-Kreis (WN) **Ort** Stuttgarter Str. 23, 71577 Großerlach **GPS** 49.053090, 9.514332 **Anfahrt** Bahnhof Sulzbach/Murr (RE Stuttgart–Schwäbisch-Hall–Nürnberg) A81, Ausfahrt Heilbronn/Untergruppenbach

SPUK IM STALL – Es war ein harmloser Vorfall, mit dem alles begann: Sonntag, 30. April 1916, kurz nach 7 Uhr morgens. Die Kleinbäuerin Rosine Kleinknecht und ihr 14-jähriger Neffe Adolf waren soeben mit der Stallarbeit fertig geworden, hatten diesen abgeschlossen und sich ins Wohnhaus begeben, als sie das laute Brüllen eines der Tiere hörten. Der Junge ging zurück, um nachzusehen, und fand eines der Kälber losgebunden, die dazugehörige Kette lag auf dem Boden. Da alle anderen Tiere sich wie wild gebärdeten, holte er seine Tante zur Hilfe, die das Kalb wieder anband. Es nützte nichts. Kaum aus dem Stall, mussten sie zurückkehren, da der Lärm erneut begonnen hatte. Nun waren sogar zwei Tiere losgebunden, die anderen triefnass vom Schwitzen. Und so ging es den gesamten Morgen weiter. Kaum festgezurrt, hatten sich die Ketten und Stricke wieder gelöst. Als sich Frau Kleinknecht nicht mehr zu helfen wusste – es waren bereits mehrere Stunden vergangen –, holte sie einen Nachbarn zu Hilfe. Doch dem erging es nicht besser, obwohl die Kühe sich beruhigt hatten und friedlich fraßen, lösten sich auch unter Aufsicht des Nachbarn die Knoten und Ketten immer wieder von Neuem – nur dass sich der langsam ablaufende Vorgang inzwischen sogar genau beobachten ließ. Allerhand Gegenmaßnahmen – festere und mehrere Knoten, doppeltes Anbinden, zusätzlicher Draht etc. – verlangsamten zwar das Aufbinden, konnten es jedoch nicht verhindern. Die Ketten und Stricke wurden dabei nie zerrissen oder zerschnitten. So ging das auch am folgenden Tag, und am 2. Mai, nachdem alles nach einer ereignislosen Nacht erneut loszugehen schien, brachte die Bäuerin das Vieh in den Wald. Im Stall war vorerst Ruhe. Doch anschließend wurde alles viel, viel schlimmer.

EIN UNRUHIGER GEIST – Rosine Kleinknecht war ohnehin nicht vom Glück begünstigt. Ihr Mann, von Beruf Postbote, war 1915 als Soldat gefallen, seitdem musste sie den Hof und ihre drei Kinder selbst versorgen, ihre Schwester hatte ihr ihren Sohn Adolf als Hilfe geschickt. Das ganze Anwesen am Ortsrand von Großerlach war ärmlich: Es bestand aus zwei separaten Häusern, der Wohnung mit drei Räumen – Küche, Stube, Schlafzimmer, dazu ein Dachboden und ein Flur – und dem Stall, in dem wiederum nur zwei Kühe, drei kleinere Tiere und ein Hasenstall Platz fanden. Dazwischen lag der Hof – eine zu kurze Distanz offenbar, um den Spuk zu hindern, nun vom Stall in das Wohngebäude überzuspringen. In der Nacht vom 2. Auf den 3. Mai war es das jüngste der Mädchen, das unruhig wurde und am Bett der Mutter einen schwarzen Geißbock zu sehen glaubte. Einmal eingeschlafen, verlief die Nacht ohne Vorfälle und auch der Tag ging in aller Ruhe vorbei, doch am Abend war das

Dafür sieht manches andere Gebäude wie ein Spukhaus aus.

TERROR AUF DEM BAUERNHOF

Auf dem Rathaus in Großerlach war man ähnlich hilflos.

Kind erneut von Schrecken geplagt und wurde zur Nachbarin gebracht. Umsonst: Nun war die Nächstältere nicht mehr zu halten: Unter Weinen und Schreien glaubte sie, grüne Ohren und Augen zu bekommen. Auch sie ließ sich schließlich beruhigen, in den folgenden Tagen schien sogar endlich alles überstanden. Das noch hin und wieder das Vieh im Stall losgebunden wurde, nahm man fast schon gelassen hin. Doch die kurze Pause trog – der Terror kam massiv zurück. Der Neuanfang geriet noch geradezu lächerlich: Am 13. Mai, abends fünf Uhr, fing ein Holzscheit auf dem Herd zu tanzen an. Es bewegte sich selbstständig hin und her und schwebte durch die Luft. Als ein Bauer aus dem Dorf zu Besuch kam, packte er das Stück und warf es kurzerhand aus dem Fenster – prompt kehrte es zurück. Egal wie oft und wohin man es warf, schnurstracks war es wieder da. Später gesellte sich ein weiteres Holzstück dazu. Als sich – nach Stunden – die beiden nicht mehr rührten, fielen nach und nach fünf Milchkrüge zu Boden und zerschellten. Dann war es vorbei. Doch wiederum nur für einen kurzen Zeitraum. Am 15. Mai brach schließlich endgültig das Chaos auf dem gesamten Bauernhof aus: Im Stall lösten sich in schneller Reihenfolge wieder die Ketten und Knoten, im Haus fiel alsbald alles von den und aus Schränken, den Tischen, Stühlen und sogar vom Dachboden, was nicht niet- und nagelfest war. In den Räumen, vor allem dem Flur, stapelten sich bald die Scherben und Trümmer in Pfützen von Milch, zuletzt rissen sich die Türen von selbst aus den Angeln. Natürlich sorgten diese Ereignisse längst für Aufmerksamkeit im gesamten Dorf: Nicht nur die Nachbarn, Durchreisende und andere Neugierige, auch die Dorfobrigkeiten machten sich ein Bild. Sie alle bestätigten später die seltsamen Vorgänge, der Bürgermeister, der Amtsdiener, ein zufällig anwesender Beamter aus Backnang waren in dem Anwesen, gaben Bericht nicht nur über die Zerstörungen, sondern auch über von ihnen selbst beobachtete Ereignisse wie das Kettenlösen, das Herumschweben von Töpfen und Krügen oder die Ortsveränderung weiterer Gegenstände. Erklärungen hatten auch sie nicht. Als das Wohnhaus im Inneren vollständig verwüstet war, fliegende Gegenstände und schlagähnliche Bewegungen sogar für Verletzte gesorgt hatten, verließ Rosine Kleinknecht als Letzte das Haus. Sie und ihre Familie kehrten nicht wieder.

WAS GESCHAH IN GROSSERLACH? – Obwohl der Erste Weltkrieg die Schlagzeilen beherrschte, gingen die Vorfälle in Großerlach trotzdem durch die gesamtdeutsche Presse. Vor Ort selbst, wo nach dem 15. Mai auf dem Spukbauernhof endgültig wieder Ruhe einkehrte, untersuchte die Polizei das Geschehen, interessierte sich aber hauptsächlich für den Vorwurf des Betrugs. In

Verdacht geraten war der Neffe Adolf, doch entlasteten ihn zahlreiche Zeugen, die ihn oft weitab der Vorfälle gesehen hatten, zudem fehlte ein Motiv. Ähnliches galt für die Witwe Kleinknecht, warum sollte sie eine solche Zerstörung ihres Anwesens in Kauf nehmen, das sie dadurch auch noch verlor – denn die Familie zog dort nicht wieder ein. Wer oder was war verantwortlich für die unheimlichen Ereignisse? Ein klassischer Poltergeist? Eine Kommission junger Tübinger Universitätsgelehrter untersuchte im Juli des gleichen Jahres den Fall ebenfalls, sah sich den »Tatort« in Großerlach an und unterhielt sich mit Augenzeugen. Die Akademiker zeigten sich zwar durchaus aufgeschlossen, kamen aber zu keinem hilfreichen Ergebnis. An einen Spuk glaubten sie nicht – eine natürliche Erklärung konnten sie jedoch auch nicht präsentieren. Auf ihren Spuren heute zu wandeln ist schwierig: Im Zuge der Verbreiterung der Durchgangsstraße fiel das alte Bauernhaus der Familie Kleinknecht mitsamt Stall dem Abriss um Opfer, an seiner Stelle stehen moderne Nachfolger. Gespukt hat es aber ohnehin nach dem 15. Mai 1916 nicht mehr.

Erholung vom Grusel

Freude statt Schrecken lösten im Jahr 1772 zufällige Funde von Silber bei Großerlach aus. Das im folgenden Jahr errichtete Bergwerk mit dem schönen Namen »Gabe Gottes« war jedoch offenkundig nicht gerade sonderlich von göttlichem Wohlwollen begünstigt und ging binnen kurzem pleite, der sogenannte Erlacher Silberrausch fand ein jähes Ende. 150 Jahre lang verschüttet, wurde der Stollen erst 1926 wiederentdeckt und erneut zugänglich gemacht. Nach kurzzeitiger Zwischennutzung als Luftschutzbunker ist der Stollen seit dem Jahr 2000 in restauriertem Zustand für Besucherinnen und Besucher zur Besichtigung geöffnet.

Ein beschauliches Dorf stand plötzlich in den Schlagzeilen.

17

»... DER UNFUG DER SARA GAYER HAT AUFGEHÖRT«

Die Somnambule von Großglattbach

Ein krankes Mädchen hat nächtliche Visionen. Die einen werden zu begeisterten Anhängern, die anderen zu erbitterten Gegnern. Himmelsgabe oder Betrugsversuch? Das Dorf spaltet sich.

Großglattbach (Stadt Mühlacker), Enzkreis (PF) **Ort** Grafenweg, 75417 Großglattbach **GPS** 48.914800, 8.896814 **Anfahrt** Bahnhof Vaihingen/Enz (RE Stuttgart–Karlsruhe) A81, Ausfahrt Stuttgart-Zuffenhausen

Hier saß der Gegner: Pfarrhaus von Großglattbach.

DER FALL KÜHNLE – Am 7. Oktober 1836 starb in Großglattbach Andreas Kühnle. Er wurde nur 33 Jahre alt, litt seit längerem an einer unbekannten Herzkrankheit. Der örtliche Arzt, Dr. Beck, hatte ihm nicht helfen können, weder konnte er die Ursache des Leidens ausfindig machen noch seinem Patienten eine adäquate Medizin zur Linderung anbieten. Kühnle machte sich so seine eigenen Gedanken, warum gerade er in vergleichsweise jungen Jahren schon so gestraft wurde. Und er hatte einen Verdacht: Die Frau des Bauern Erdinger hatte ihm einst einen Kuchen und Wein angeboten, inzwischen war er sich sicher, dass sie diese durch magische Mittel mit Schuhnägeln versetzt hatte, um ihm zu schaden. Mit anderen Worten: Sie hatte ihn verhext. Im Dorf stieß das Gerücht bei manchen durchaus auf offene Ohren, bis es schließlich von einer Autorität verkündet wurde, der nicht wenige im Ort bedenkenlos Glauben schenkten: Sara Gayer, 19 Jahre alt, Tochter des Metzgers, selbst noch vor Kurzem schwer krank. Das Mädchen hatte seit einiger Zeit in somnambulem Zustand, wie man dies nannte, nächtliche Visionen – die Kühnles Vermutung noch zu dessen Lebzeiten bestätigten und sie dadurch besonders glaubhaft machten. Wie erwartet starb Kühnle binnen kurzer Zeit. Der Arzt Dr. Beck hatte seiner Witwe die Durchführung einer Obduktion angeboten, um die Anschuldigungen endgültig auszuräumen: Man werde keinesfalls die von Sara behaupteten Stacheln und Nadeln im Körper des Toten vorfinden. Doch der Gegenbeweis gelang nie. Sara hatte noch auf der Beerdigung verkünden lassen, in ihren Visionen sei das Verbot einer Obduktion befohlen worden. Der Arzt konnte sich nicht durchsetzen. Die Beerdigung sorgte zudem für weiteren Ärger. Die Verwandten hatten plötzlich Wünsche an Pfarrer Raßmann herangetragen, den Ablauf der Feier zu verändern. Zweck des Ganzen war die Entlarvung der angeblich für den Tod Kühnles verantwortlichen Frau – die im Anschluss selbst sterben werde. Raßmann lehnte empört ab, er meldete den Vorfall stattdessen an die höheren Stellen. Verantwortlich für die seltsamen Ideen der Verwandten war naturgemäß Sara Gayer, die ihnen dazu geraten hatte.

EINE VISIONÄRIN – Damit gerieten Sara und ihre Familie, die sie stets kräftig unterstützte, endgültig in Konflikt mit den beiden wichtigsten Institutionen des Ortes: dem protestantischen Pfarrer vor Ort und dem Unteramtsarzt, der im benachbarten Dürrmenz residierte. Beide meldeten wie erwähnt die Vorgänge an die zuständigen höheren Obrigkeiten, eine ernsthafte Ermahnung Ludwig Gayers als zuständigem Vormund der minderjährigen Sara erging, die jedoch wenig fruchtete. Gayer wusste einen Großteil der Großglattbacher auf seiner Seite, darunter den Schultheißen, der es vorzog, lieber nichts mitzubekommen und dafür die Einnahmen durch die heranströmenden Besucher Saras einzustreichen. Gleichwohl sah sich Ludwig Gayer nach professioneller Hilfe um, die er in dem angesehenen königlichen Kameralrat J. R. Siglen aus Wiernsheim fand. Der tiefgläubige Finanzbeamte, den Gayer flüchtig kannte, nahm sich der Sache Saras an und wurde ein eifriger Verkünder ihrer Geschichte und ihrer Fähigkeiten. Begonnen hatte alles im Spätherbst 1835. Sara, damals 18, hatte heftige Bauchschmerzen bekommen, wirkte aufgebläht, konnte kaum noch essen und war so geschwächt, dass ihr sogar das Sprechen schwerfiel. Der zuständige Arzt, wiederum Dr. Beck, konnte ihr mit konventionellen Mitteln nicht helfen. Irgendwer – später hieß es, Pfarrer Raßmann und seine Frau hätten den Vorschlag gemacht – brachte eine noch junge Heilmethode ins Spiel, das Magnetisieren. Die äußerst um-

In den Gassen kam es zu Streit: Konnte man Sara glauben?

strittenen Praktiken des einst europaweit berühmten Dr. Franz Anton Mesmer vom Bodensee waren zwischenzeitlich vergessen worden, erlebten aber seit einiger Zeit eine Renaissance. Sara wollte das ihr unbekannte Verfahren nicht über sich ergehen lassen, erst später wurde es angewandt, ausgerechnet von Dr. Beck. Aber da galt Sara längst als Somnambule, als jemand, der in einer Art Trance – normalerweise unter Hypnose – seherische Fähigkeiten entwickelt hat. Wann diese Visionen genau bei ihr einsetzten, ist unklar, in jedem Fall sagte sie ihre eigene spontane Genesung voraus, rechtzeitig zu Ostern 1836. Und dies trat tatsächlich ein. Fortan galt sie mit besonderen Gaben ausgestattet, die sich allerdings nur nächtlich und allein manifestierten. Was sie in ihren Unterredungen mit Gott oder Verstorbenen erfahren hatte, wurde erst am nächsten Morgen aufgeschrieben. Neben Ausblicken in die Zukunft waren hierunter ganz handfeste Verkündigungen, nämlich Arzneirezepte. Die stellte später ein Apotheker in Pforzheim für die nicht wenigen Menschen aus, die nach Großglattbach gekommen waren, um sich Rat bei dem Mädchen zu holen.

ZOFF IM DORF – Sowohl Pfarrer Raßmann als auch Dr. Beck hatten folglich nicht von Beginn an zu Saras Kritikern gehört, im Gegenteil. Auch bestand keinerlei Zweifel daran, dass das Mädchen einst ernsthaft krank gewesen war und sich auf irgendeine Weise wieder erholt hatte. Während Raßmann jedoch zunehmend von der vermeintlichen Autorität Saras in religiösen Dingen und ihren spalterischen Visionen, insbesondere der Hexenbeschuldigung der Bäuerin, verärgert wurde, störte Dr. Beck verständlicherweise der Eingriff in seine Kompetenz, die Kurpfuscherei mit angeblich göttlich inspirierten Arzneien. Für die Familie Gayer waren die ein gutes Geschäft, der Handel florierte und damit auch ihre finanzielle Beteiligung. Visionen zu verkünden war kein Verbrechen, noch dazu hatte man ja Kameralverwalter Siglen, der eifrig in voluminösen Bänden Saras Ansichten und gutes Wirken verteidigte und verbreitete – mit Erfolg, der Andrang in Großglattbach ließ nicht nach. Der Pfarrer und der Arzt hatten im Dorf ohnehin kaum mehr Rückhalt, ihnen wurden Neid und Heuchelei vorgeworfen, hatten sie sich doch einst selbst für das Mädchen engagiert. Beide waren frustriert, hörten aber nicht auf, weiterhin ans Oberamt und nach Stuttgart Bericht zu erstatten. Tatsächlich schien sich das Blatt zu ihren Gunsten zu wenden: Bereits im Februar 1837 wurde der Apotheker in Pforzheim, der Saras Rezepte in Medizin umgewandelt hatte, zu einer Geldstrafe und zur Unterlassung verurteilt. Im April wurde Sara schließlich auf behördliche Anordnung in das Stuttgarter Katharinenhospital eingewiesen, Diagnose: Hysterie, ein Modewort für unerklärte psychische Erkrankungen, besonders bei Frauen. Ein empörter schriftlicher Protest der Familie und vieler Großglattbacher wurde nicht erhört. Erst Ende Sommer kehrte Sara in ihr Elternhaus zurück, nach Ansicht der Ärzte geheilt. Nachdem sich die Lage etwas beruhigt hatte, nahm Sara jedoch heimlich ihre Tätigkeiten wieder auf und empfing in aller Stille weiterhin Hilfesuchende. Natürlich blieb dies insbesondere dem aufmerksamen Gegner Raßmann nicht lange verborgen, er meldete die Vorgänge den Behörden, das Gayersche Haus wurde unter besondere Beobachtung gestellt, im Sommer 1843 erfolgte eine Verurteilung Sara Gayers wegen unerlaubter medizinischer Ratschläge, sprich Quacksalberei. Im Herbst zog sie aus Großglattbach davon. Visionär auffällig wurde sie nicht mehr. Sie heiratete kurz darauf im Badischen und verschwand aus der Geschichte. Dem Vernehmen nach hatte die aus armen Verhältnissen stammende Sara ein gutes Vermögen in die Ehe miteingebracht.

Unheimliche Begegnung der anderen Art

Sara Gayer war eine gelehrige Leserin der »Geschichte einer Somnambüle in Weilheim an der Teck«, den 1834 erschienenen Visionen der Kollegin Philippine Bäuerle. Sowohl seherisch veranlagte einfache Frauen aus Württemberg als auch die Veröffentlichung ihrer Prophezeiungen und Geschichten über das Jenseits oder biblische Ereignisse hatten im Vormärz Konjunktur, allen voran naturgemäß Kerners »Seherin von Prevorst« (siehe 33). Die erbaulichen, heute eher schwer verdaulichen Werke à la Siglen und Kollegen fanden insbesondere in pietistischen Leserkreisen reißenden Absatz, aber auch weit darüber hinaus. Eher weniger erfreut waren die Amtskirchen.

Nach den Vorfällen kehrte im Dorf wieder Ruhe ein.

Der Friedhof überstand die Militärzeit, wurde aber verwüstet.

18

SPUK IM GEISTERDORF

Auf dem Friedhof von Gruorn

Ein Geist im Geisterdorf? Klingt ziemlich normal – oder wenigstens paranormal. Allerdings ist das Gespenst keineswegs eine Untote aus dem verlassenen Dorf, wie man vielleicht erwarten könnte.

Gruorn (Gutsbezirk Münsingen), Landkreis Reutlingen (RT)
Ort Hauptstr. 225, 72525 Münsingen **GPS** 48.449951, 9.503761
Anfahrt Bahnhof Münsingen (RB Gammertingen–Münsingen–Schelklingen) A8, Ausfahrt Merklingen

FRIENDLY FIRE – Seit 1939 verbrachten die verbliebenen Einwohner von Gruorn auf der Schwäbischen Alb viel Zeit in ihren Kellern, während über ihnen Bomben, Geschosse und Granaten hin und her flogen. Es waren nur noch wenige, die in den gefährdeten Häusern ausharrten, längst war der Bürgermeister gegangen, offiziell existierte die Gemeinde nicht mehr. Der Pfarrer war im Februar gefolgt, in seiner Kirche lagerte nun Getreide. Mit dem im Herbst des Jahres begonnenen Krieg hatte dies nur indirekt zu tun, lag das Dorf doch bis kurz vor dessen Ende weitab von jeglicher Front. Es waren deutsche und mit ihnen verbündete Soldaten, die Gruorn beschossen, denn dieses befand sich seit 1937 inmitten des Truppenübungsplatzes Münsingen. Der existierte zwar bereits seit 1895 – er war der erste im damaligen Königreich Württemberg –, aber damals lag das Dorf noch außerhalb, man hatte, anders als viele Nachbarorte, nicht einmal wertvolles Gemeindeland abgeben müssen. Umso schlimmer kam es dann unter dem Nazi-Regime. Für viele war schwer vorstellbar, dass ausgerechnet das stattliche Gruorn, das damals immerhin 665 Einwohner zählte – eine durchaus hohe Zahl für ein Albdorf der Region – und noch dazu schuldenfrei war, seinem Ende entgegensah. Sicher hatte man aufgrund der Forderungen nach Erweiterung des Übungsplatzes nun mit der Abgabe von Land zu rechnen, doch die Pläne der Regierung gingen weiter und wurden auch durchgesetzt. Die Bewohner wurden leidlich entschädigt oder zwangsenteignet, anschließend zerstreut, gemeinsame Neuansiedlungspläne gab es nicht. Doch nicht alle Einwohner waren bis 1939 ausgezogen, an die fünfzig Menschen lebten bis 1945 noch in der Schusslinie der Wehrmacht. Danach zogen sogar ein paar Mutige zurück, schließlich war der Krieg verloren, es gab kein deutsches Militär mehr. Doch die französische Armee übernahm das Areal und zerstörte damit erst die Hoffnung auf eine Wiederbelebung Gruorns und dann den Ort selbst. 1953 erfolgte die Totalräumung, binnen der nächsten zwei Jahrzehnte wurde das Dorf als Zielobjekt und Übungsstätte für den Häuserkampf so malträtiert, dass aus Sicherheitsgründen 1972 der Abbruch der meisten Gebäude erfolgen musste. Es blieben das frühere Schulhaus, die lädierte Kirche, um deren Renovierung sich ein Verein bemühte – und der Friedhof.

SCHUMMRIGER BESUCH – Ausgerechnet der Friedhof. Vermutlich waren es Pietätsgründe, vielleicht steckte aber auch anderes dahinter. Denn schon die alten Dorfbewohner betraten ihren Gottesacker, der durch einen Torgang des Rathauses zugänglich war, eher ungern. Es war weniger das verständliche unangenehme Gefühl der Konfrontation mit dem Tod als die Aussicht, hier dem Fräulein von Reichenau zu begegnen. Es war allgemein bekannt, dass dieses, von der nahen Burgruine herüberkommend, sich im und am Friedhof herumtrieb. Außergewöhnlich war ihre Form: Sichtbar war die adelige Dame nämlich als herumschwebender Nebelfleck. Zahlreiche Anekdoten erzählen von ihr, so wird berichtet, dass die Gruolemer Kinder gern in den Friedhof flüchteten, wenn ihnen Strafe drohte – die Erwachsenen schreckten vor einer Verfolgung in den Gottesacker zurück, selbst dem Dorfbüttel war der Ort nicht geheuer. Dabei ist über das Erscheinen des Burgfräuleins nicht mehr bekannt als ihre weiße Nebelgestalt und ihr Weg von der Ruine über den Friedhof zur Kirche. Sie war also keineswegs bösartig – und selbst der Grund für ihren Spaziergang war an sich, auch für die Bewohner Gruorns, eigentlich ein erfreulicher. Der Überlieferung nach hatte sie den spätgotischen Chor der Kirche gestiftet, ein mit Fresken ausgestattetes Kleinod einer berühmten Baumeisterschule. Das Wappen des Fräuleins mit der Jahreszahl 1522 war deshalb in der Kirche zu sehen. Und es gab sogar Berichte, die behaupteten, das Fräulein habe einst durch eine großzügige Schenkung von Land auf der Münsinger Hardt überhaupt erst die Gründung zahlreicher Dörfer, darunter Gruorn, möglich gemacht. Somit alles kein Grund davonzulaufen, sondern eigentlich eher, ihr dankbar zu sein. Dass sie ab und zu ihre Stiftung besuchen wollte, auch nach ihrem Tod, war doch an sich geradezu verständlich.

DAS BURGFRÄULEIN – Auch die Burg Reichenau lag inmitten des Truppenübungsplatzes, war (und ist) deshalb nicht mehr zugänglich. Allerdings gibt es dort auch kaum mehr etwas zu sehen. Das Beeindruckendste an dem Gemäuer war wohl seine Lage auf einer Erhebung, die an ihrem höchsten Punkt immerhin 821 Meter erreicht. Ansonsten bestand der Ansitz wohl aus Holzhütten und Fachwerkbauten, weder gab es Steingebäude noch wehrhafte Türme und Mauern, der ganzen Anlage war ohnehin keine allzu lange Dauer beschieden: Anfang des 12. Jahrhunderts errichtet, wurde sie noch vor 1300 wieder aufgegeben. Den seltsamen Namen, der eigentlich an wasserreiche Wiesen erinnert – was es gerade auf der Alb so gut wie nicht gab –, kennen wir nur aus einer Urkunde des 15. Jahrhunderts, da war die Burg längst das, was sie auch heute ist: kaum mehr erkennbar. Ausschließlich verflachte Gräben und Wälle erinnern an ihre Existenz. Damit ist auch klar: Da die Burg bereits um 1300 wieder Geschichte war, konnte unser Fräulein von Reichenau kaum den Chor der Kirche gestiftet haben. Um diese Zeit existierte sie, wenn überhaupt, nur

Grabpflege war über Jahrzehnte nicht möglich.

Überwucherte Reste des Geisterdorfes finden sich überall in der Landschaft.

noch in Nebelform. Das in den 1970er Jahren wiederentdeckte Wappen mit der Jahreszahl ist leider ebenfalls nur eine hübsch gestaltete Erinnerung an die Vollendung des Chors, kein Familienwappen. Gruorn ist zudem älter als die Burg, konnte folglich kaum auf eine Stiftung der adeligen Bewohner zurückgehen – obwohl es durchaus möglich ist, dass z. B. eine Witwe des Geschlechts, womöglich die letzte der Familie, großzügig Land an ihre Untertanen abgab oder einen Beitrag für die Kirche in Gruorn stiftete, um der Familie zu gedenken, und sich dies in der Erinnerung quasi nebulös bewahrte. Aber das ist reine Spekulation. Zwar sind seit Auflösung des Truppenübungsplatzes 2005 und der Umwandlung in ein Biosphärenreservat die Überreste Gruorns und der Friedhof mit seinen vielen durch Beschuss beschädigten Grabmälern wieder zugänglich, das Fräulein von Reichenau wurde aber seither nicht mehr gesehen. Vielleicht war es ihr über all die Jahre allein in Gruorn zu einsam geworden. Oder sie ist zwischenzeitlich über dem Anblick ihrer halbzerstörten Kirche verzweifelt. Auch Gespenster haben schließlich Gefühle.

Das Gespenst nebenan

Während das Fräulein von Reichenau an sich, wie erwähnt, keinerlei böse Absichten hegt, geht laut örtlicher Überlieferung im Dackental nahe Gruorn ein weitaus weniger freundlich gesonnenes Wesen um: Der »dagleta Goischt« hat es sich zur Aufgabe gemacht, einsame Wanderer auf dem Hardt in die Irre zu führen. In unseren Tagen ist dieses Unterfangen sogar noch um einiges gefährlicher als einst. Aufgrund der noch immer zahlreich im Boden verstreuten Munition ist es strengstens untersagt, die gekennzeichneten Wege zu verlassen – auch ohne übernatürlichen Verführer.

19

»SIMPELHAFTER TOLLKOPF« UND GEGEN-PAPST

Der Schwarzwälder Prophet Ambros Oschwald

Von den einen wurde er verehrt, für die anderen war er ein unbelehrbarer Verführer. Der katholische Pfarrer Ambros Oschwald hielt sich selbst für einen Heiler und scharte mit Untergangsprophezeiungen zahlreiche Anhänger um sich. Sie folgten ihm bis in die USA.

Hammereisenbach (Stadt Vöhrenbach), Schwarzwald-Baar-Kreis (VS)
Ort Hauptstr. 20, 78147 Vöhrenbach-Hammereisenbach **GPS** 47.997217, 8.321623
Anfahrt Bahnhof Donaueschingen-Grüningen (RB Bräunlingen-Villingen)
A81, Ausfahrt Dreieck Bad Dürrheim

Herrenwies (Gemeinde Forbach), Landkreis Rastatt (RA)
Ort Herrenwies 27a, 76596 Forbach **GPS** 48.660701, 8.265685 **Anfahrt** Bahnhof Bühl
(RE Konstanz–Karlsruhe, RE Karlsruhe–Offenburg/Freiburg) A5, Ausfahrt Bühl

Düstere Wolken zogen über Hofsgrund herauf, als Ambros Oschwald dort Priester war.

IMMER ÄRGER MIT DEM PFARRER – Hammereisenbach, Herrenwies, Hofsgrund, oft von schöner Landschaft umgebene, doch zumeist hoch- und abgelegene Orte mit nur wenigen Einwohnern. Wurde man von seinen Vorgesetzten ausschließlich in solche Dörfchen versetzt, war man entweder gesundheitlich eingeschränkt, bereits alt – oder war diesen ein Dorn im Auge. Es war Letzteres, was für den Kaplan Ambros Oschwald galt, ein dem Erzbistum Freiburg unterstellter Priester, geboren 1801 in Mundelfingen, aufgewachsen in Unadingen auf der Baar. Da er selbst aus einfachen Verhältnissen stammte, mochte er sich an seinen Dienstorten durchaus wohlgefühlt haben, bei seinen Gemeindemitgliedern war er jedenfalls größtenteils recht beliebt, bei seinen Oberen dagegen eher nicht, obwohl er auch unter diesen bemerkenswerte Fürsprecher hatte. Was aber war das Problem mit Pfarrer Oschwald, das ihm jeweils in kurzer Abfolge die Versetzung von einer Minidienststelle zur nächsten brachte? Es ging hierbei um zwei Konflikte, einmal um eine große Auseinandersetzung sowohl innerkirchlich als auch zwischen Staat und Kirche einerseits, andererseits um das persönliche Verhalten Oschwalds, das wiederum ebenfalls zwei Seiten hat. Doch der Reihe nach: Die katholische Kirche in Baden war stark geprägt von der Aufklärung, ein eher rationalistischer Geist herrscht auch unter den Priestern vor, liberal und nüchtern. Allerdings lässt diese Ausrichtung ab den 1830er Jahren nach, gegenläufige Strömungen werden stärker, romantisch beeinflusst, die an alte Volksfrömmigkeit wie Wallfahrten und Bräuche anknüpfen, mehr Innerlichkeit wünschen und das Mystische betonen. Dieser innere Konflikt bricht immer mehr aus, dazu kommen – auch weil der Staat diese Entwicklung sehr kritisch sieht – ständige Auseinandersetzungen mit dem Großherzogtum, das eine immer größere Kontrolle über die Kirche durchsetzen möchte, die sich durch ideologische Verhärtung wehrt und sich gegen die moderne Außenwelt zunehmend abschottet.

HEILER UND MYSTIKER – Mitten hinein in diese angespannte Großwetterlage kommt Ambros Oschwald. Es sind die staatlichen Behörden, denen er Anfang der 1840er Jahre unangenehm auffällt. Er hatte in Hammereisenbach Heilungen und sogar Exorzismen durchgeführt, örtliche Ärzte hatten den theologisch nur geringfügig ausgebildeten Konkurrenten wegen Kurpfuscherei angezeigt. Oschwald sah das naturgemäß anders und war damit nicht nur im Einklang mit den von ihm angeblich durch Gebete und Handauflegen von ihren Leiden befreiten Schäfchen, die bald immer zahlreicher zu ihm strömten. Nach dem Verständnis gewisser Kirchenmänner war der Priester- eben auch ein Heilberuf, die universitäre Medizin setzte sich erst langsam durch und wurde von nicht wenigen skeptisch beäugt. Oschwald, der sich bald einen überregionalen Ruf als Wunderheiler erwarb, konnte folglich auch in höheren Kirchenkreisen mit einer gewissen Sympathie rechnen, die erst dann abkühlte, als seine Tätigkeiten immer mehr Menschen anzogen, zu Aufläufen und damit zu immer größerer Aufmerksamkeit seitens des Staates führten, der nichts mehr fürchtete als Störungen der öffentlichen Ordnung – wir befinden uns schließlich im reaktionären Biedermeier. Die zum Einschreiten drängenden Schreiben aus Karlsruhe mehrten sich und auch seine kirchlichen Kritiker in Freiburg schlugen einen sarkastischen Unterton an: »Oschwald scheint ein durch krankhafte Geisteseinbildung betrogener Mann zu sein, dem man ernstlich raten sollte, eine radikale Wunderkur an sich selbst vorzunehmen, damit er der Mühe überhoben wäre, sie an seinen Mitmenschen auszuüben.« Die Kirchenführung in Freiburg, die sich gegenüber dem Staat keine Blöße geben, aber auch keine Einmischung erlauben will, setzte auf innere Sanktionierung, mahnende Schreiben an Oschwald, dazu Aufenthalte zur Besinnung im Priesterseminar und die erwähnten ständigen Versetzungen auf immer kleinere und abgelegenere Stellen. Doch es fruchtete nichts, die stetig anwachsende Anhängerschaft Oschwalds folgte ihm inzwischen überallhin, der Kaplan fühlte sich ohnehin unschuldig, »würde ich nach Sibirien gehen, wäre es nach wenigen Monaten wie hier, weil ich nach Pflicht dem Nächsten dienen und dem Herrn, so viel wie möglich, Seelen gewinnen will«. Mancher in Freiburg fand das ebenfalls nicht so schlimm, erst als Oschwalds Ruf als Wunderdoktor, der »den Dummen die Köpfe berückt«, wie es ein Amtskollege ausdrückte, den Ruf der Kirche zu schädigen drohte und die Behörden zunehmend verärgerter reagierten, griff das Erzbistum schärfer ein.

DER UNTERGANG IST NAHE – Die Lage schien sich etwas beruhigt zu haben, als Oschwald ein neues Betätigungsfeld fand: Er veröffentlichte mystische Schriften, die einen baldigen Weltuntergang prophezeiten. »Dieses Buch erregt gewaltiges Aufsehen und macht tiefen Eindruck beim Volk«, berichtete der Dekan von Ottersweier nach Freiburg, obwohl es aus seiner Sicht von »diesem geistesverrückten Wundermann« stammte. Oschwald, der aufgrund seiner speziellen Einsichten, die auf angeblichen Visionen eines Bauernjungen aus der Nähe von Urach basierten, einen »geistig-magnetischen« Verein für seine Anhängerschaft gründen wollte, für den er die Erlaubnis beim Erzbischof erbat, hatte den Bogen endgültig überspannt. Sein Konglomerat an Prophezeiungen, auf der Offenbarung des Johannes beruhend und inhaltlich wenig überraschend nur Altbekanntes wiederholend, wurde offiziell verboten und als ketzerisch verurteilt, Oschwald zum Rückzug gezwungen. Es war wohl kaum hilfreich, dass ihn seine unbeeindruckten Anhänger zum Gegenpapst einer gereinigten Kirche ausrufen wollten, er selbst schien mal geschmeichelt, mal schien ihm die Verehrung seiner Person aber doch auch unheimlich. Zwischenzeitlich widmete er sich, von seinen kirchlichen Aufgaben entbunden, einem Medizinstudium – worunter er mehr Homöopathie verstand, nicht Wissenschaft –, doch letztlich kehrte er zu seiner Rolle als mit mystischer Erkenntnis ausgestatteter geistlicher Anführer zurück. Mit 113 Getreuen brach er im Mai 1854 nach Amerika auf, gründete dort mit den verbliebenen gut siebzig Oschwaldianern in der Wildnis Wisconsins den Ort St. Nazianz, der unter seiner Ägide als patriarchalische

Verfallener Bauernhof in Hofsgrund, zu Oschwalds Zeiten sicher noch bewohnt

Lebensgemeinschaft durchaus florierte. Nach seinem Tod 1873 brachen Konflikte aus, doch in anderer Form lebten Ort und das Andenken Ambros Oschwalds bis heute weiter. Aus dem »simpelhaften Fanatiker« war ein vor Ort noch immer geachteter Gründungsvater geworden. Vielleicht traf deshalb der von ihm für das Jahr 1887 vorhergesagte Weltuntergang nicht ein.

Unheimliche Begegnung der anderen Art

Karl Rolfus (1819–1907) genießt ebenfalls noch heute hohes Ansehen, Straßen und Schulen sind nach ihm benannt, doch auch er gehört zur Gruppe der seltsamen Priestergestalten aus der Mitte des 19. Jahrhunderts wie Oschwald und Karl Lanz. Geehrt wird er für die Gründung der noch immer existierenden Josefsanstalten in Herten bei Rheinfelden, diese Pflegeeinrichtungen waren gewissermaßen sein Alterswerk, nachdem er oftmals in Konflikt mit dem Staat und seinen kirchlichen Vorgesetzten geraten war. Extrem konservativ, predigte er einen intoleranten, fanatischen und altertümlichen mystischen Katholizismus und scharte immer wieder – auch er wurde oft versetzt – junge Frauen um sich. Vorwürfe der Veruntreuung von Geldern und sexueller Ausbeutung führten zu Suspendierungen, auch am Experiment Kloster Steinerberg war Rolfus beteiligt. Mit seiner neuen Aufgabe in Herten wurde es schließlich ruhiger um ihn.

Im Pfarrhaus Kenzingen fühlte sich der Geist nicht wohl.

20

EIN UNMORALISCHER GEIST(LICHER)

Kenzingen und Wittnau

Im Jahr 1800 wurde Kenzingen bekannt für Spukerscheinungen im Hause eines jungen Mädchens. Ihr Peiniger war ein toter Verwandter mit sehr seltsamen Forderungen. Die Stadt spaltete sich darauf in Skeptiker und Geistergläubige.

Kenzingen, Landkreis Emmendingen (EM)
Ort Kirchplatz 18, 79341 Kenzingen **GPS** 48.191500, 7.769633
Anfahrt Bahnhof Kenzingen (RE Basel Bad BF – Offenburg) A5, Ausfahrt Herbolzheim oder Riegel

DREI KURIOSE BITTEN – Nach geläufiger Vorstellung sind Geister unerlöste Seelen, die keine Ruhe finden können. Eine Möglichkeit, um zur Erlösung zu gelangen, ist die Hilfe eines noch Lebenden, der aufgesucht wird mit der Bitte, Aufgaben zu erfüllen, die dem Umherwandelnden den erhofften Zugang zum Jenseits verschaffen. So gesehen war die erste der Bedingungen, die der 1800 in Wittnau und später Kenzingen bei seiner Großnichte Magdalena auftauchende Geist des Leopold Koch stellte, nicht unbedingt außergewöhnlich. Sie solle »ein halbes Jahr wöchentlich einmal eine Wallfahrt nach Kirchhofen verrichten«. Das war nun nicht gerade um die Ecke, schließlich liegt Kirchhofen südlich von Freiburg, auch der zeitliche Aufwand einer Tour in den Süden jede Woche war nicht unerheblich, aber die Forderung war an sich traditionell und im Rahmen katholischer Glaubenslehre für arme gepeinigte Seelen im Fegefeuer. Ganz anders Bedingung Nummer zwei: »Damit ich erlöst werde, so mußt Du 7 uneheliche Kinder zur Taufe tragen.« Das war so gar nicht im Sinne kirchlicher Grundsätze und auch gesellschaftlich alles andere als akzeptiert: Ein junges Mädchen, dass nach und nach sieben ledige Kinder bekommt, setzte mehr als seinen Ruf aufs Spiel. Niemand sollte das besser wissen als der Geist selbst – war Leopold Koch doch zu Lebzeiten katholischer Pfarrer gewesen. Unverständlich im eigentlichen Sinne war dann schließlich Bedingung Nummer drei. Das Gespenst nuschelte offensichtlich stark, jedenfalls ließ sich die dritte Bitte erst überhaupt nicht richtig verstehen – und als dies dann endlich gelang, verstand man sie zwar akustisch, aber inhaltlich nicht: »Und die Baas soll Mutter von ihm sein.«

WIE ALLES BEGANN – Magdalena Becherer entstammte einer angesehenen und finanziell durchaus gut ausgestatteten Kenzinger Bürgerfamilie. 1799 bat ein Verwandter, ein Bruder der Großmutter, um Mithilfe im Haushalt, es war der 64-jährige Leopold Koch, Pfarrer in Wittnau, einem Dorf im Hexental. Koch war kränklich, zwar versorgte ihn bereits eine seiner Schwestern, die Baas, doch eine junge Frau zur Unterstützung war kein ungewöhnlicher Wunsch. Magdalena, damals 18 Jahre alt, machte sich also ins Hexental auf und umsorgte ihren Großonkel. Offensichtlich zu dessen Zufriedenheit, er versprach ihr, sie für ihren Dienst im Testament zu bedenken und ihr in jedem Falle einen Kasten mit seinen Habseligkeiten zu hinterlassen. Koch verstarb nach einem halben Jahr, der versprochene Kasten ging an Magdalena, aber der Inhalt war offenbar enttäuschend. Magdalena und ihre Großtante blieben noch im Pfarrhaus wohnen, was wohl keine so gute Idee war. Kurz nach dem Tod des Geistlichen, in der Nacht vom 21. auf den 22. April 1800, fiel ohne Zutun der beiden Frauen ein schwerer Gegenstand von einem Tisch. Den beiden Frauen war sofort klar: Koch hatte sich aus dem Jenseits gemeldet! Zahlreiche weitere Vorfälle im Pfarrhaus konnten dies nur bestätigen: Gegenstände flogen durch die Luft, Steine ins Haus, Magdalena zeigte brandblasenartige Wunden, wo der Geist sie festzuhalten versucht hatte. Der Nachfolger Kochs, ein Franziskanerpater, bestätigte zwar die Flecken auf der Haut, selbst jedoch konnte er bei seinen Aufenthalten im Haus nichts Ungewöhnliches feststellen. Ganz anders der Vater Magdalenas, der bald darauf in Wittnau eintraf. Obwohl man aus dem Pfarrhaus ausgezogen war und sogar mehrfach die Wohnung gewechselt hatte, ließen die Belästigungen nicht nach. Vater Becherer und einige von ihm zur Hilfe hinzugezogene Wittnauer nahmen das Gespenst ebenfalls wahr – und er brachte es schließlich dazu, sich zu äußern. Die Vermutung, es handle sich um den geistlichen Vetter, erwies sich als korrekt. Er sei unerlöst und Magdalena müsse ihm helfen, aber auch sich selbst, da sie um ihr Erbe betrogen worden sei. Das war allerdings bereits daheim in Kenzingen, in Wittnau waren die Becherer eher auf Skepsis gestoßen, der Franziskaner zeigte sich wenig überzeugt, der örtliche Amtmann ließ erkennen, dass er von einem Betrug ausging.

DER SPUK SPALTET KENZINGEN – In der Heimatstadt war die Lage bald nicht viel anders. Kochs Geist war mitgereist, er äußerte sich immer manifester, sowohl durch äußere Zeichen wie lautstarke Geräusche, Herumwerfen von Gegenständen, Abdrücke auf der Haut und – das war neu – durch eingebrannte Hände in Wäschestücken, als auch durch seine erst in Kenzingen erwachte immer größere, wenn auch anfangs kaum verstehbare Redseligkeit. Hier äußerte er nun seine drei Bitten. Die erwähnte dritte Forderung klärte sich erst nach mehrfachen Präzisierungen: Die Großtante sollte Magdalena zur Alleinerbin einsetzen, sie, »die Baas, soll ihm – dem Kind Magdalena, wie eine – Mutter sein«, galt sie doch als reich. Die Umsetzung der drei Forderungen erwies sich jedoch als schwierig. Selbst der scheinbar einfachste Teil, die Wallfahrten, mussten bald eingestellt werden. In Kenzingen hatte sich um den Pfarrer Straubhaar eine argwöhnische Gruppe gebildet, die wenig von den Geistererscheinungen hielt. Im Pfarrhaus, wo Straubhaar Magdalena untergebracht hatte, geschah nämlich: nichts. Der Ex-Kollege Straubhaars spukte exklusiv nur noch im Haus der Becherers und in Anwesenheit ausgewählter Besucher – worunter der Kenzinger Pfarrer oder der Amtsarzt offensichtlich nicht zähl-

↓ Das gespenstergeplagte Pfarrhaus von Wittnau ...
↘ ... und die dazugehörige Kirche.

ten. Die Skeptiker stießen allerdings nicht nur bei dem Geist auf Misstrauen, sondern auch bei vielen Kenzingern, teils mussten sie sich üble Beschimpfungen gefallen lassen. Die Argumente der Geistgläubigen waren auch nicht völlig von der Hand zu weisen: Erstens waren die Becherer angesehene Bürger und wie erwähnt durchaus vermögend, warum sollten sie sich einer betrügerischen Erbschleicherei bedienen? Außerdem gab es ja die unwiderlegbaren Manifestationen des Gespenstes, z. B. die eingebrannten Handabdrücke. Nachdem die amtlichen und kirchlichen Behörden, u. a. durch einen Bericht Pfarrer Straubhaars, von der Sache Wind bekommen hatten, untersagten sie zwar beispielsweise zwischenzeitlich die Wallfahrten, insgesamt trugen sie aber wenig zur Aufklärung bei – sie hatten andere Sorgen, es herrschte Krieg, sie wollten womöglich zudem nicht noch mehr Aufhebens um die Sache machen, die schon in ganz Südbaden, von Kenzingen selbst nicht zu sprechen, für allerlei Unruhe sorgte. Vielleicht gab der tote Geistliche auch auf, es war schlecht bestellt um seine Forderungen. Die Wallfahrten fanden zwar nach Unterbrechung wieder statt, auch kam das erste uneheliche Kind durch Magdalena zur Welt, aber die Großtante verweigerte das gewünschte Erbe und in Kenzingen drehte sich langsam die Stimmung. Der Ausgang der obskuren Geschichte verschwindet in den napoleonischen Kriegswirren. Geblieben sind dagegen noch immer vorhandene Kleidungsstoffe mit den Abdrücken der Geisterhände.

Über der Sakristei hat sich Pfarrer Koch verewigt.

Das Gespenst nebenan

Vor geraumer Zeit soll es nahe des heute zur Stadt Kenzingen gehörenden Dörfchens Bombach zu einer grausigen Mordtat gekommen sein: Hofrat Enderlin wurde dort umgebracht und an Ort und Stelle wohl zumindest zwischenzeitlich verscharrt, um das Verbrechen zu verschleiern. Als Enderlins Grab ist der Platz den Einwohnern der Gegend ebenso bekannt wie nachvollziehbarerweise nicht ganz geheuer. Einer örtlichen Sage nach verstarb dort später ein junges Mädchen, das im Rahmen einer Mutprobe nachts einen Stab in das Grab stecken sollte, als Beweis ihrer tatsächlichen Anwesenheit. Doch zu ihrem Schrecken konnte sie den Ort nicht mehr verlassen – etwas hielt sie dort fest. Zwar stellten herbeigeeilte Helfer fest, dass sie sich selbst mit dem Stock an ihrem Kleid festgeheftet hatte, doch der Schock war zu groß und die junge Frau verstarb.

21

SATANSBRATEN

Der Kindermord von Laiz

Mehrere verletzte Kinder und ein toter Säugling waren die Bilanz einer schrecklichen Bluttat. Doch der geständige Mörder war selbst erst elf Jahre alt. Hatte ihn der Teufel angestiftet?

Laiz (Stadt Sigmaringen), Landkreis Sigmaringen (SIG)
Ort Römerstr. 3, 72488 Sigmaringen **GPS** 48.078889,9.195556
Anfahrt Bahnhof Sigmaringen (RE Ulm – Donaueschingen) A98, Ausfahrt Stockach-West (weiter auf B313)

In Sigmaringen musste über den grausamen Tod des Kindes entschieden werden.

ENTSETZEN – Aus der Hütte des Viehhirten von Laiz drang Lärm. Vielleicht hatten die Nachbarn erst einmal gar nicht reagiert, bis sie bemerkten, dass es sich nicht um das übliche Geschrei spielender Kinder handelte, sondern um Hilferufe. Als sie schließlich herbeieilten und sich Zutritt zu dem Häuschen verschafften, bot sich ihnen ein grauenvoller Anblick: Insgesamt sechs Kinder hatten sich, während ihre Eltern arbeitsbedingt abwesend waren, hier zum Spielen verabredet, der Nachwuchs des benachbarten Schweinehirten und der Bewohner des Anwesens, des Viehhirten Heinrich Schneider. Die jungen Gäste waren unverletzt, doch von den Hausbewohnern lagen das älteste Mädchen und ihr Bruder in ihrem Blut, übersät von Stichwunden, in der Wiege fand man ihr sechs Monate altes Geschwisterchen mit eingeschlagenem Schädel. Das sechste Kind war dagegen wiederum unversehrt: Franz war der Täter. Er hatte einen langen Stock in der Hand, der eine Eisenspitze besaß. Damit hatte er seine Geschwister geschlagen und gestochen – bis zum Tod seiner kleinen Schwester. Er wurde sofort und widerstandslos festgenommen. An seiner Schuld bestand kein Zweifel, Franz selbst gab das Offensichtliche sofort zu. Er habe alle Kinder, auch die des Nachbarn, töten wollen. Es war der 15. April 1668. Das beschauliche Laiz war erschüttert. Das Dorf an der Donau, vor den Stadttoren Sigmaringens gelegen, war als Sitz einer Urpfarrei – die noch sehr lange für das längst wesentlich bedeutendere Sigmaringen zuständig war – vormals von einiger Bedeutung gewesen, stand nun aber größtenteils im Schatten der Nachbarstadt. Dorthin, dem Sitz der Hohenzollerischen Herrschaft, wurde jetzt auch Franz Schneider gebracht. Zwar stellte sich die Frage nach seiner Täterschaft nicht mehr, aber die doch alle bewegende Frage nach dem Motiv. Was hatte den erst Elfjährigen zu der Raserei getrieben? Franz lieferte offenkundig eine prompte Erklärung ab: Es sei der Teufel gewesen. Für das Gericht war das keine plumpe Ausrede, sondern durchaus plausibel.

STRATEGIEWECHSEL – Franz gab also freimütig zu, dass Hexerei im Spiel gewesen sei. Vor kurzem sei der Teufel in Menschengestalt an ihn herangetreten, habe einen Pakt mit ihm abgeschlossen und ihn erpresst: Entweder er erkläre sich bereit, Kinder umzubringen – oder er werde selbst von ihm umgebracht. Die Sigmaringer Behörden gehörten nicht zu den exzessiven Hexenverfolgern, sie reagierten weder hysterisch, noch

Rund um die altehrwürdige Kirche von Laiz ...

traten sie eine Welle an Prozessen los wie in manch anderem Landstrich. Andererseits waren sie aber keineswegs skeptisch, für sie war ein Prozess, der Hexerei beinhaltete, ein ganz normales Verfahren, wenn man so will, verhielten sie sich exakt formaljuristisch, und gemäß Gesetzbuch war ein Rückgriff auf magische Hilfe durchaus plausibel – und vor allem strafbar. Erst vor zwei Jahren hatten sie die als Hexe verleumdete Katharina Steb, ebenfalls aus Laiz, hinrichten lassen. Noch dazu sprach auch der soziale Hintergrund gegen Franz. Hirten standen in der sozialen Hierarchie weit unten, ihr berufsbedingtes Herumtreiben war suspekt, ihre Arbeit schlecht bezahlt. Dass die verschiedenen Hirtenkinder miteinander spielten, war kein Zufall, man befand sich auf derselben unteren Gesellschaftsebene. Der elfjährige Franz wurde selbst bereits zum Hüten herangezogen, typischerweise trat der Teufel draußen weitab in der freien Natur an ihn heran, beim Weiden nahe Hohentengen. Dass das Kind zugab, mit dem Satan einen Vertrag ab-

geschlossen zu haben, konnte die ihn verhörenden Männer also kaum überraschen. Und Franz legte nach: Er beschrieb den Verführer genau, nannte ihn beim Namen, Jacole, und lieferte weitere Details. Doch als er aufgefordert wurde, weitere Personen zu benennen, die in die Hexerei verwickelt sein mussten, geriet er ins Stocken. Zwar hatten seine bisherigen Aussagen völlig dem Bild einer teuflischen Zusammenarbeit entsprochen, doch schien es den Erwachsenen unwahrscheinlich, dass ein Kind so ganz allein Umgang mit den bösen Mächten haben sollte. Doch Franz wusste niemanden zu nennen. Spontan wechselte er seine Verteidigung: Er sei krank gewesen an dem Tag, fiebrig und verwirrt. Das mag uns fast glaubwürdiger erscheinen – seinen Verhörern aber nicht. Für sie war der Umschwung eine Ausrede.

WIDERSPRÜCHE – Franz widerrief. Wer sonst als der Teufel hatte ihm eingegeben, die Geschichte mit der Krankheit zu erfinden? Er kehrte zur ursprünglichen Version zurück und schmückte diese mit allerlei Versatzstücken des damaligen Hexenglaubens aus. Dass dies nur unter allerlei Widersprüchen möglich war, fiel anscheinend nicht ins Gewicht. Um eine Teufelsbuhlschaft zugeben zu können, also sexuellen Verkehr mit dem Verführer, wandelte er diesen in ein Mädchen um; als er wiederum gedrängt wurde, Namen zuzugeben, verstand er die Aufforderung falsch und nannte mehrere teils kuriose Bezeichnungen für den Teufel. Auf den Hinweis, man möchte Mitwisser hören, gab er zwar nach Androhung von Gewalt einige Personen an, zog diese Aussage aber sofort wieder zurück. Auch bei der Aufklärung des eigentlichen Motivs und der Tat selbst kam man kaum voran. Mehrfach habe der Teufel persönlich ihm ein Messer gereicht, mit dem er Kinder oder Erwachsene ermorden sollte. Doch Franz zögerte, bekam Angst oder ver-

... finden sich einige bemerkenswert abgenutzte Dinge.

letzte stattdessen Tiere. Bis zu jenem Nachmittag des 15. April. Das Sigmaringer Gericht, das für gewöhnlich vor dem Rathaus tagte, stand letztlich aus seiner Sicht nur noch vor einem Problem: Zwar waren die Aussagen des Kindes widersprüchlich, aber an seiner Täterschaft bestand durch den Augenschein und natürlich sein Geständnis keinerlei Zweifel. Doch auch nach damaligem Strafrecht galt ein Junge von elf Jahren als nicht schuldfähig. Allerdings gab es Ausnahmen – und auf diese berief sich das Gericht bei seinem Urteil am 24. April 1668. Aufgrund seines Alters sei Franz an sich freizusprechen, aufgrund der »großen Bosheit« der Tat jedoch wiederum dürfe er nicht ohne Strafe bleiben. Und die Strafe für Mord war nun mal der Tod. Dass Franz mit Hilfe des Teufels seine Geschwister zu töten versuchte beziehungsweise seine Schwester tötete, war Ausdruck dieser Bosheit. Die für ihn gewählte Hinrichtungsmethode war ungewöhnlich, womöglich galt sie als besonders kindgerecht: Franz wurde in warmes Wasser gelegt und ihm mehrere Adern geöffnet, bis er verblutete.

Erholung vom Grusel

Das Schloss Sigmaringen beherrscht Geschichte und Bild der Donaustadt. Früher nur Verwaltungssitz unter vielen, dann zwar Zentrum der Hohenzollernherrschaft, aber als Residenz vor 1800 gar nicht so beliebt, unterstand es doch österreichischer Oberhoheit, weshalb die Fürsten zumeist Hechingen, Haigerloch oder Krauchenwies vorzogen. Unrühmlicher Regierungssitz war das Schloss für wenige Monate 1944/45 auch für die mit den Nazis kollaborierende Vichy-Regierung des französischen Marschalls Pétain. Von den heute der Öffentlichkeit zugänglichen Sammlungen ist die sogenannte Folterkammer im Galeriebau direkt mit unseren Ereignissen verbunden, sie ist zwar selbst kein Ort historischer Gerichtsbarkeit, zeigt aber bedeutende Exponate jener Tage.

Im Klosterhof von Maulbronn wird vor schwarzen Katzen gewarnt.

22

DER WELTERBE-GEIST

Kloster Maulbronn

Im 17. Jahrhundert ereigneten sich im Kloster Maulbronn unheimliche Ereignisse, die gut dokumentiert sind. Die Regierung schickte sogar Militär, um dem Spuk Einhalt zu gebieten. Vergebens.

Maulbronn, Enzkreis (PF) **Ort** Bahnhofstr. 18, 75433 Maulbronn **GPS** 48.995885, 8.800318 **Anfahrt** Bahnhof Maulbronn-West (RB Stuttgart–Bruchsal), Maulbronn-Stadt (nur Wochenenden im Sommer) A8, Ausfahrt Pforzheim-Nord

Zisterzienserabtei, die einst 1147 begonnen hatte – und mit der die üblichen Sagen verbunden wurden. Ein Esel, genauer Maultier, habe einst den Standort gefunden – daher Mulenbronnen (tatsächlich leitet sich aber das Wort von Mühle ab). Räuber, die in den dichten Wäldern des Tales lebten, hätten sich beschwert, der Bau des Klosters – verbunden mit der Rodung des Geländes – würde ihr einträgliches Geschäft stören, worauf die Mönche versprachen, von der Vollendung ihres Vorhabens abzusehen. Als trotzdem das prächtige Ensemble fertiggestellt wurde und die Waldgesellen sich erzürnten, führte sie der Abt in die Kirche, wo ein einzelner Stein noch nicht eingesetzt worden war – der Bau galt damit als nicht fertiggestellt. Verärgert und überlistet zogen die Räuber ab. Harmlose und typische Geschichten, nichts Unheimliches, eher typisch für solcherart Gründungsgeschichten. Aber es ging auch anders, und zwar wesentlich konkreter. Denn lebten wirklich nur brave Schüler und strenge Lehrer in den Bauten der früheren Abtei? Äußerst seltsame Ereignisse ließen daran ernsthafte Zweifel aufkommen. Alles begann im Jahr 1659.

NICHT ALLEIN? – Mönche gab es hier offiziell schon seit Jahrzehnten nicht mehr, seit Maulbronn 1504 unter württembergische Oberhoheit gefallen war und ab 1534 im Herzogtum die Reformation Einzug hielt. Bis zu 135 waren es zu den besten Zeiten im Spätmittelalter gewesen, die Einführung des Luthertums sorgte sogar erst einmal für einen weiteren kurzlebigen Anstieg, da hier Klostermitglieder aus dem ganzen Land versammelt wurden, die den Konfessionswechsel nicht mitmachen wollten. Maulbronn wurde »Aussterbekloster«, bis der letzte katholische Ordensmann das Zeitliche gesegnet hatte, ab 1556 zogen dann die Schüler des evangelischen Seminars in die alten Bauten ein. Damit endete die Geschichte der

ES POLTERT – Schauplatz ist die Prälatur, ein stattliches Gebäude aus Klostertagen, mit hübschen Erkern verziert, im Inneren mit einer Wendeltreppe, einer Schnecke. In den Räumen unter dem Dach beginnen in jenen Tagen laute Geräusche, ein Poltern und »groß Gerümpel«, wie der Chronist Narcissus Schwelin bereits im Folgejahr notiert. Doch dabei bleibt es nicht. Ursache des Lärms sind herumfliegende Gegenstände, »fast täglich, mit Auswerfung allerhand Stein, Kutter, Hausgeräth, Bettgewand und Anderem, aber keinem Menschen Schaden gethan«. Nun sind wir in einem Internat mit pubertierenden Schülern – liegt da nicht der Verdacht auf schlechte Scherze übermütiger Jugendlicher nahe? Offenkundig nicht. Denn es wäre für diese ziemlich schwierig, die beobachteten Phänomene zu erzeugen. Die Gegenstände fliegen nämlich nicht einfach herum oder aus den Fenstern, nein, sie schweben ganz sanft und langsam zu Boden und landen unversehrt im Hof oder Garten des Klosters. Wie von vorsichtigen Möbelpackern dort abgeladen. Wer mutig einen der Räume öffnet, in denen es gerade hoch hergeht, der trifft dort auf: niemanden. Auf der Wendeltreppe sind oft Schritte zu hören, nur kommt niemand an, wenn man oben wartet. Dem damals in dem Gebäude wohnenden Prälaten, einem Funktionär der Schule, wird das alles zu viel, er zieht erst einmal innerhalb des Klosters um. Zwar könnte man nun sagen, das ist alles ärgerlich und stört sicherlich, aber immerhin ungefährlich. Das stimmt so allerdings nicht. In den Schulbetrieb bringt das Ganze Unruhe und womöglich besteht der Verdacht auf einen Knabenschabernack auch weiterhin, in jedem Fall fragen die Schuloberen bei der Regierung in Stuttgart um Hilfe nach, was schon etwas nach Verzweiflungsakt klingt, aber es geht nun auch bereits seit Monaten nicht mehr mit rechten Dingen zu und die Nerven liegen blank. Der Herzog schickt eine kleine Militärabteilung nach Maulbronn, die ab da in der Prälatur Wache zu schieben hat. Und das ist, wie sich bald zeigt, dringend nötig, aber nur bedingt hilfreich. Außerdem ordert Stuttgart eine offizielle Untersuchung an, eine Kommission fürstlicher Räte soll vor Ort für Aufklärung sorgen. Man nimmt die Angelegenheit also sehr ernst. Schüler und Angestellte werden intensiv befragt, weiter kommt man damit allerdings nicht, die Räte sind ratlos. Im Gegenteil, der Spuk schien eher dreister zu werden. In jedem Fall ließ er sich weder von Gelehrten noch Soldaten abschrecken.

Im weitläufigen Klosterareal finden sich auch Ruinen.

WER IST ES? – Mit der Harmlosigkeit des polternden Geistes war es nämlich nicht mehr so weit her. Mehrfach wurden von den aufmerksamen Wächtern Versuche vereitelt, Feuer an eines der Klostergebäude zu legen. Zugleich jedoch manifestiert sich das unheimliche Wesen deutlicher. In den Augustnächten des Jahres 1660, als sich das Militär in Maulbronn aufhält, taucht es ständig in verschiedener Form auf: Weiterhin als lärmender Polterer und auf den Treppen herumschleichendes Phantom, aber auch als Alp, der sich nachts auf die Schlafenden setzt, als davoneilender Windhauch und als eine Art Schabernack treibender Kobold. Am konkretesten zeigt sich der Geist in Form einer schwarzen Katze, diese flitzt manchmal aus den Zimmern, in denen soeben noch großes Gepolter herrschte, ist aber auch immer und überall auf dem gesamten Klostergelände zu sehen, meist direkt nach neuen Vorfällen. Diese – geradezu klassische – Form ist nicht die einzige. Ein Soldat berichtet – überliefert von Justinus Kerner, der viel später als Kind in Maulbronn lebte (siehe 33) – Folgendes: »Als er vor des Prälaten Gemach Wache gehabt, sei etwas die Schneckenstiege heraufgerauscht; er habe nun nachgesehen, was es sei. Da habe er ein langes, weißes Ding (so war sein Ausdruck) erblickt. Als er der Schneckenstiege zugegangen und es genau habe visitieren wollen, sei es auf einmal zu einer runden Kugel geworden, die in die Stiege hinabgefahren.« Gelöst wurde das Rätsel nie, obwohl sogar eine stattliche Belohnung für die Ergreifung der Katze ausgelobt worden war. Irgendwann war der Spuk trotzdem buchstäblich beendet. Es blieb die Frage, wer hinter dem Besucher steckte. Sowohl Schwelin als auch Kerner nennen den Verursacher nur mit gebührendem Respekt »Es«. Schwelin vermutet dahinter getreu seiner Zeit »Teufelswerk«, Kerner zieht überhaupt keine Rückschlüsse.

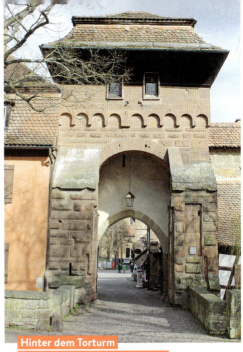

Hinter dem Torturm begann das Revier des Geistes.

Und was hatte das Gespenst bezwecken wollen? War es ein wiedergekehrter Mönch mit einem letzten Versuch, die protestantischen Besatzer des Klosters zu vertreiben? Oder doch der Teufel höchstpersönlich, dessen Paktpartner Dr. Faust ja einst in Maulbronn zu Gast gewesen sein soll (siehe 30)? Vermutlich werden wir es nie mehr erfahren …

Erholung vom Grusel

Gespenstergeschichten verfasste er zwar nicht, aber trotzdem ging die Maulbronner Schulzeit Hermann Hesses mehrfach in seine Werke ein. Am deutlichsten in dem Roman »Unterm Rad«, der bedrückenden Schilderung eines sensiblen Schülers, der von den Erwartungen an ihn und dem Internatsalltag zermürbt wird – mit schrecklichen Folgen. Naturgemäß hat auch die mittelalterliche Mönchsgeschichte »Narziss und Goldmund« Hesses Kenntnissen einer Klosteranlage jener Zeit viel zu verdanken.

23

WUNDERLICHES AUF DER WIESE

Das Rasenkreuz von Meggen

Vor gut 50 Jahren tauchten auf einer Wiese im Allgäu kahle Stellen auf.
Ein genauerer Blick ergab: Sie zeigten die Form eines Kreuzes.
Gläubige sprachen von einem Wunder, die Kirche dagegen blieb skeptisch.

Meggen (Gemeinde Argenbühl), Landkreis Ravensburg (RV)
Ort Bremen 3, 88260 Argenbühl **GPS** 47.742253, 9.930804
Anfahrt Bahnhof Kißlegg (RB Aulendorf-Kißlegg, RE Lindau–München) A96,
Ausfahrt Kißlegg

Das Rasenkreuz ist von einem Käfig und Statuen umgeben.

AUF DER GRÜNEN WIESE – Priestergräber auf Friedhöfen sind meist etwas größer oder mit besonderer Symbolik versehen, den meisten Besuchern dürften sie jedoch trotzdem kaum auffallen. Ganz anders in dem Allgäudörfchen Merazhofen: Dort ist die letzte Ruhestätte des Seelsorgers Augustinus Hieber nicht zu übersehen. Überhäuft nicht nur mit Blumenschmuck, sondern mit modernen Votivtäfelchen, die Dank bekunden, mit Kerzen und sonstigen Devotionalien. Über dreißig Jahre versorgte Hieber die Pfarrei von 1936 bis 1967 und hat sich anerkannte Verdienste um den Ort und seine Kirche erworben, der Grund für diese außergewöhnliche Beliebtheit noch Jahrzehnte nach seinem Tod ist das allerdings nur bedingt. Vielmehr sagten viele dem Dorfpfarrer Fähigkeiten nach, die das normale Maß des kirchlichen Alltags überschritten. Hieber soll heilende Kräfte besessen haben und auch mit gewissen prophetischen Gaben ausgestattet gewesen sein. Und so versprach der bereits pensionierte Priester 1968 auf dem Sterbebett, dass hier in seiner früheren Pfarrei nach seinem

Tod sich ein Wunder ereignen würde. Vier Jahre lang mussten die Gläubigen warten, dann war es so weit. Der Beginn war mehr als profan. Im Juni 1972 bemerkte ein Bauer bei Meggen, einem Weiler nahe Ratzenried, eine Stelle auf einer seiner Wiesen, wo kein Gras mehr wuchs. Für den Landwirt eher kein Grund zur Freude. Als jedoch ein Junge im Folgemonat bemerkte, dass diese kahlen Stellen die Form eines Kreuzes angenommen hatten, war die Aufregung groß. War es das erwartete Zeichen, das der Segenspfarrer einst verkündet hatte?

Mitten auf den Feldern steht die Gebetsstätte.

ES IST EIN KREUZ – Nicht wenige waren sich da bald sicher. Unleugbar war die Kreuzform, noch dazu entsprach sie bestimmten Überlieferungen von der Größe des biblischen Marterwerkzeugs: Höhe 3,30 Meter, Breite 1,60 Meter, was angeblich den antiken Ausmaßen entsprochen haben soll. Außerdem lag es in traditioneller Ausrichtung nach Osten, Richtung Jerusalem. Zu viel sprach folglich aus dieser Sicht für ein übernatürliches Wunder. Pilger kamen, Gläubige aus der Region, aber auch von weither versammelten sich zu regelmäßigen Gebeten und Andachten. Die Behörden taten sich mit dem Rasenkreuz deutlich schwerer. Als 2002 ein kleiner Gebetsraum auf der Wiese gebaut wurde, anerkannte die Gemeinde diesen erst im Nachhinein, erlaubte später jedoch eine Erweiterung. Reichlich skeptisch reagierte man auch beim zuständigen Bistum Rottenburg-Stuttgart. In Auftrag gegebene Untersuchungen brachten keine definitive Erklärung, auch wenn der starke Verdacht im Raum stand, es handle sich um einen Überdüngungsschaden. Der Bischof verweigerte jedenfalls sowohl die Anerkennung als Wunder als auch die als offizielle Gebetsstätte. Aktiv gegen den Besuch geht die Kirche jedoch nicht vor. Und so finden sich in Meggen weiterhin Verehrer ein, zwar in überschaubarer Anzahl, aber in schöner Regelmäßigkeit. Das auch für den Nichtgläubigen trotz eines leicht bizarren Käfigüberbaues deutlich sichtbare Kreuz im Rasen, umgeben von Heiligenstatuen und Dankestafeln, hat sein Geheimnis jedenfalls bis heute nicht preisgegeben: Wiesenwunder oder Wiesenwunde?

Unheimliche Begegnung der anderen Art

Wer vom Rasenkreuz keine Hilfe erfährt, der kann sein Glück nur wenige Kilometer entfernt an der Heilsamen Linde nahe Ratzenried versuchen. Der imposante Baum beim Unteren Schloßweiher weist nicht nur ein hohes Alter und enorme Ausmaße – sein Umfang beträgt fast 9,50 Meter – auf, sondern auch einen hohen Spalt im Stamm. Dem örtlichen Glauben nach hilft ein Durchschreiten dieses Loches gegen Krankheiten. Den Einwohnern des einst hier angesiedelten Weilers Bruggen brachte die Linde jedoch kein Glück: Sie gilt als das letzte Überbleibsel der um 1600 verschwundenen heutigen Wüstung.

Hier wollte niemand hoch hinaus: der Galgen von Triberg.

24

HÄNGEPARTIEN

Die Galgen von Mudau und Triberg

Einst verteilten sie sich über das ganze Land, gut sichtbar auf Hügeln und an Straßen: die Galgen. Anfang des 19. Jahrhunderts wurden diese Symbole der Blutgerichtsbarkeit abgeschafft und verschwanden. Doch nicht überall.

Mudau, Neckar-Odenwald-Kreis (MOS)
Ort Bödigheimer Weg, 69427 Mudau **GPS** 49.524778, 9.214806
Anfahrt Bahnhof Buchen (RB Miltenberg–Seckach) A81, Ausfahrt Boxberg

Triberg, Schwarzwald-Baar-Kreis (VS) **Ort** Kreisstraße K5728, 78098 Triberg
GPS 48.097778, 8.260111 **Anfahrt** Bahnhof Triberg (RE Karlsruhe–Konstanz) A81, Ausfahrt Villingen-Schwenningen

STERBEN IM SCHWARZWALD – Joseph Duffner wurde 1686 bei einem Vergehen ertappt, das wir auch heute noch mit dem ländlichen Raum in Verbindung bringen und als abartig betrachten, aber kaum mehr als schweres Verbrechen bezeichnen würden. Der 19-jährige Furtwanger hatte sich der Sodomie schuldig gemacht, einem Sammelbegriff für allerlei sexuelle Verhaltensweisen, die vom gewünschten Normalstandard abwichen. In diesem Falle lautete die Anklage auf Geschlechtsverkehr mit einer Kuh. Was wir bestenfalls als Tierquälerei und äußerst peinliche Angelegenheit für den Ertappten ansehen würden, war in jenen Tagen jedoch ein todeswürdiges Verbrechen, ein schwerer Verstoß gegen die von Gott gewollte Ordnung. Befassen mit der unschönen Angelegenheit musste sich die Obrigkeit der Herrschaft Triberg, somit die Regierung Vorderösterreichs, die das Ganze offensichtlich nicht auf die leichte Schulter nahm und einen juristisch ausgebildeten hohen Beamten schickte, der sich mehrfach mit dem Fall beschäftigte. Das war, da es sich, wie gesagt, um eine Frage der Blutsgerichtsbarkeit, also von Leben und Tod, handelte, durchaus angemessen. Joseph Duffner drohte schließlich der besonders ehrlose Tod am Galgen. Darüber zu entscheiden hatte nach der Voruntersuchung des Beamten das Gericht in Triberg. Dieses ließ allerdings Milde walten: Duffner blieb die Schande des Todes am Galgen erspart. Da die Richter seine Tat nur als »Versuch« werteten, wurde er lediglich enthauptet. Dass dies als ehrenvoll galt, erscheint uns heute fast zynisch, Duffner aber wird dies trotz allem wohl anders gesehen haben.

HÄNGT IHN HÖHER – Galgen als Symbol der Herrschaft und ihres Rechtes, über das Leben der Untertanen wie im Fall Duffners zu verfügen, galt besondere Aufmerksamkeit. Sie wurden immer an einer exponierten, gut sichtbaren Stelle außerhalb des Ortes, zumeist auf einem Hügel und normalerweise auch nahe einer Straße, errichtet, und dies hatte mindestens vier Gründe. Erstens war die Verleihung eines Hals- oder Blutgerichtes, also eines Gerichtes, das über schwere Strafen entscheiden durfte, die, wie der Name verrät, im schlimmsten Fall den Hals betrafen, also Körperstrafen und Hinrichtungen vornehmen konnte, eine Auszeichnung. Es klingt seltsam, aber einen Galgen vor Ort zu haben, war auch ein Prestigeobjekt, das den Stolz der Bevölkerung hervorrief. Zweitens unterstrich die weite Sichtbarkeit des Galgens den Herrschaftsanspruch des Ortsherrn, in Triberg Vorderösterreich, der hier markierte, dass er für Recht und Ordnung sorgte. Damit zusammen hängt auch Punkt drei: Die Hinrichtungen sollte jeder Untertan vor Augen haben, weshalb man oft auch den Leichnam noch längere Zeit als Abschreckung hängen ließ (siehe unten). Und nicht zuletzt – viertens – diente die Lage mit guter Aussicht dazu, dem oder der Verurteilten vor Augen zu führen, was er leichtfertig aufs Spiel gesetzt hatte, getreu dem Motto, »Ade, du schöne Welt!«. In Triberg kann man all dies noch vor Ort überprüfen: Der Galgen wurde dort nie abgebaut, wie es sonst in der Zeit nach 1800 üblicherweise der Fall war, nachdem die Gerichtsstrukturen des Alten Reiches verschwunden waren und sich zudem ein neues Justiz- und Strafwesen durchsetzte. Er liegt auf der Höhe an einer damals wichtigen Verbindungsstraße und überstand die Zeiten, weil er 1721 für sehr viel Geld aufwendig erneuert worden war. Statt des alle paar Jahrzehnte dahinmorschenden Holzvorgängers gönnte man sich nun ein besseres Exemplar. Zwei Steinsäulen trugen den Querbalken, es war das sogenannte zweischläfrige Modell. Joseph II. hatte in seinen Landen 1786 die Todesstrafe abgeschafft, zehn Jahre nach der letzten bekannten Hinrichtung am Triberger Galgen. Der Holzbalken war bald dahin, die steinernen Träger aber überdauerten die Zeiten, als einzige in ganz Baden-Württemberg. Dank Restauration ist die Hinrichtungsstätte heute wieder komplett.

HOHES GERICHT – Eine Galgenerneuerung, wie sie regelmäßig vonnöten war, wurde bewusst als hochherrschaftlicher Akt an der Grenze zum Volksfest inszeniert. Die Vertreter der Obrigkeit luden hierzu verpflichtend ein, meist war eine Gruppe aus dem Ort – z. B. eine Zunft – gewissermaßen als Sponsor verantwortlich für das Material und den Aufbau des neuen Hinrichtungsgerätes. Die versammelten Untertanen mussten sich erbauliche und mahnende Reden anhören, wurden aber andererseits mit freier Bewirtung belohnt, oft spielte Musik auf, Buden wurden aufgebaut. Rund um den Galgen herrschte Ausgelassenheit, was schon deshalb makaber war, da jede Hinrichtungsstätte auch Begräbnisplatz für Verbrecher, Körperteile oder sogar Tiere war. Solch ein Galgenfest wird mit Sicherheit auch mehrfach in Mudau stattgefunden haben, denn, wie erwähnt, der freie und der Witterung ausgesetzte Standort der Hinrichtungsstätten führte zu wiederkehrendem Verschleiß des Galgenholzes, weshalb man immer mehr dazu überging, wenigstens die tragenden Elemente durch Säulen aus Stein zu ersetzen. In Mudau wird man auf den Zustand des Galgens besonders geachtet haben, war man doch Sitz einer uralten Zent, eines Verwaltungs- und Gerichtsbezirkes. Hier saß der Zentgraf, dessen Aufgaben sich immer stärker Richtung Justiz veränderten – früher war er auch für militärische Einberufung und notarielle Angelegenheiten zuständig gewesen. Im Namen seines Landesherrn, in Mudau seit 1318 der Erzbischof und Kurfürst von Mainz, sprach er mit Hilfe aus den zugehörigen Dörfern rekrutierter Schöffen Recht, wozu auch hier die Blutgerichtsbarkeit gehörte. Todesurteile musste er allerdings in Mainz bestätigen lassen. Hier im Odenwald leistete man sich sogar einen dreischläfrigen Galgen, also drei Säulen in Dreiecksform, verbunden über aufliegende Holzbalken. Natürlich lag auch er außerhalb und auf einer Erhebung gut sichtbar an der Straße. Zwar ist wenig an Gerichtsakten überliefert, da aber das Kurfürstentum Mainz zu den Hochburgen des Hexenwahns Anfang des 17. Jahrhunderts zählte und auch die Zent Mudau hier mehrfach als Zentrum der Verfolgungen erwähnt wurde, darf man davon ausgehen, dass der Zentgraf in jenen Tagen gut beschäftigt war. Ob und wie oft der Galgen damals zum Einsatz kam – die üblichen Strafen waren eher Verbrennen und Enthaupten –, bleibt aufgrund der verschwundenen Akten offen. Bekannt ist allerdings die letzte Hinrichtung am Mudauer Galgen, der in jüngster Vergangenheit aus den vorhandenen Überresten wieder neu erstanden ist. Wieder spielt ein Tier eine Rolle, wieder ist das Vergehen eher banal: Der um 1760 zum Tod durch Erhängen Verurteilte hatte sich eines Hühnerdiebstahls schuldig gemacht.

Unheimliche Begegnung der anderen Art

2020 sorgte der Galgen von Allensbach durch sensationelle Funde bundesweit für Schlagzeilen. Bei Straßenbauarbeiten waren nicht nur dessen steinerne Fundamente ausgegraben worden, sondern um diese herum zahlreiche Skelette früherer Verurteilter. Die von Archäologen untersuchten Überreste von gut 15 Personen waren einst direkt unter der Hinrichtungsstätte verscharrt worden. Teils zeigt ihre Haltung an, dass sie mit gefesselten Händen starben, andere hingen offenbar so lange am Galgen, bis sie verwest in Teilen nach und nach herunterfielen.

Wappen und Jahreszahl künden vom Stolz der Erbauer.

HÄNGEPARTIEN 107

25
BLUTIGE VERGELTUNG
Das Schwedengrab in Mühlheim an der Donau

Im Spätwinter 1633 hielten schwedische Truppen das Städtchen Mühlheim an der Donau besetzt. Sie waren wenig zimperlich – genauso wie ihre kaiserlichen Gegner. Als diese mit Übermacht an der Donau eintrafen, kam es zu einem Massaker.

Mühlheim an der Donau, Landkreis Tuttlingen (TUT)
Ort Unter der Buchhalde, 78570 Mühlheim an der Donau **GPS** 48.026898, 8.890878
Anfahrt Bahnhof Mühlheim/Donau (RE Donaueschingen–Ulm, RB Tuttlingen–Sigmaringen)
A81, Ausfahrt Tuningen

Verklumpte Militaria erinnern an ein schreckliches Massaker.

DIE ROTE DONAU – Es war ein Blutbad im buchstäblichen Sinn: »Der Blutstrom floss durchs untere Tor hinaus, längs der Ortssteige hinab, bis zur Donau und färbte ihr rechtes Ufer rot«, so berichtete es der Chronist jener schrecklichen Tage, Bartholomäus Kindler, von Beruf Hufschmied, zugleich Bürgermeister des kleinen Städtchens Mühlheim, Sitz der winzigen Herrschaft derer von Enzberg. Die Herren des Schlosses waren allerdings längst nicht mehr vor Ort, beizeiten hatten sie sich in die befestigte Reichsstadt Rottweil abgesetzt, um dort Schutz zu suchen. Solche Möglichkeiten besaßen nur die wenigsten ihrer Untertanen, ihnen blieb bestenfalls die Flucht in die Wälder und die Höhlen des Donautales. Anfangs war der Krieg, der schließlich dreißig Jahre dauern sollte, noch fern. Die Sympathien der Enzbergschen Herrschaft lagen naturgemäß auf Seiten der katholisch-kaiserlichen Sache, trotz der Nachbarschaft des mächtigen Württemberg, einem Vertreter der protestantischen Gegner. Aber die Schlachten wurden weitab der Heimat geschlagen und begünstigten zu Beginn die siegreichen Katholiken. Lästig wurden jedoch mit der Zeit die ständigen Durchzüge von Truppen, noch unangenehmer waren Einquartierungen. Die kosteten Geld, sehr viel Geld, das weder die Stadt noch die kleine Herrschaft hatten, die Schulden stiegen, Verkäufe mussten getätigt werden. Immerhin, man blieb vom eigentlichen Kriegsgeschehen verschont. Doch mit der Zeit uferte dieses immer weiter aus: Neue Akteure griffen ein, neben den großen Schlachten kam es zu zahlreichen kleineren Gemetzeln, statt disziplinierter Heere herrschten Söldnertruppen vor, deren Sold nicht mehr bezahlt wurde, sondern die zur Plünderung des Landes und der Untertanen aufgerufen wurden. Dabei wurde kaum mehr zwischen Freund und Feind unterschieden, das Land ernährt den Soldaten,

Auch Tiere wurden zu Opfern.

lautete nun das Motto. Zudem verließ die Katholiken vorerst das Kriegsglück: Der schwedische König Gustav Adolf war in das Reich einmarschiert und drängte nach mehreren Siegen ungehindert nach Süden vor. Im Sommer 1632 tauchten die Schweden an der Donau auf.

GEMETZEL – Es war der 22. Juni 1632, als 1000 schwedische Reiter sich daranmachten, die Donaustadt Mühlheim einzunehmen. Viel Gegenwehr gab es nicht: Die Bewaffnung des Ortes war gering und teils veraltet, ein Großteil der Einwohner, damals um die 450 Personen, geflohen wie ihre Herrschaft. Wer blieb, hatte mit dem Schlimmsten zu rechnen. Altbürgermeister Huber etwa brachten die Besatzer um, die verlassenen Häuser und die Schlösser wurden geplündert. Dieser erste, aber nachhaltige »Besuch«

↑ Das eindrucksvolle Mahnmal gegen den Krieg ...
↗ ... zeigt die Toten in ihrer Rüstung.

der Schweden währte nur kurz, sie zogen weiter – kamen aber mehrfach zurück, oft wochenlang, um sich im Ort einzuquartieren. So auch Anfang Februar 1633, als sich zwei schwedische Regimenter entschlossen, Mühlheim und die benachbarten Ortschaften zu ihrem Winterquartier zu machen. Dies blieb bei nahe gelegenen kaiserlichen Truppen nicht unbemerkt, die sich daraufhin am 21. Februar 1633 entschlossen, an den schwedischen Besatzern ein Exempel zu statuieren. Mit einer Übermacht von 4000 Soldaten zogen sie erst vor und dann in die Stadt ein. Die überrumpelten Skandinavier erlebten ein Desaster: Ein Großteil der Schweden wurde niedergemacht, 300 Tote verscharrte man in einem ausgehobenen Massengrab am Schlossgarten. Die Kaiserlichen kannten kein Pardon und zogen nach Nendingen weiter, auch dort metzelten sie an die 200 Gegner nieder. Die Aufgabe, die Toten zu begraben, überließ man natürlich den Bürgern – den wenigen, die noch immer ausharrten. Und es war wie ein Fluch: Neben den ständigen Besatzungen mit ihren Ausplünderungen, Erpressungen und der Gewalt durch die Soldaten kamen in den folgenden Jahren noch mehrere Missernten mit Hungersnöten, Naturkatastrophen und schließlich eine Pestepidemie hinzu. In der teilzerstörten, hochverschuldeten Stadt konnten am Ende des Krieges 1648 nur an die

120 Einwohner gezählt werden. Mühlheim versank in der Bedeutungslosigkeit.

DAS GRAB – Das Massaker an den Schweden wurde nicht vergessen, auch der Standort des Grabes der 300 blieb über die Jahrhunderte in der Erinnerung erhalten. Ein offizielles Gedenken erfolgte allerdings erst ab 1907, auch auf Nachfrage des schwedischen Staates. Der Albverein stellte eine Tafel auf, die jedoch bald wieder verfiel. Später wurde sie durch ein Metallschild, dann durch einen Gedenkstein ersetzt, insbesondere die kleine evangelische Gemeinde Mühlheims und ein am Ort ansässiges skandinavisches Unternehmen hielten das Gedenken wach. Eine größere und sehr innovative Lösung für einen angemessenen Erinnerungsort wurde schließlich ab 2005 umgesetzt. In viel Eigenarbeit wurde die Schlossgartenmauer renoviert, ein Areal mit Rasen angepflanzt und vor allen Dingen ein markantes Denkmal durch den lokalen Künstler Hans-Jürgen Kossack geschaffen. Dessen Idee ist beeindruckend, gerade auch weil es so gruselig wirkt. Der skelettierte Pferdeschädel, die herumliegenden Waffen und das Gerippe eines toten Soldaten im zeitgenössischen Harnisch mit Helm beschönigen nichts. Der Krieg wird hier als anhaltende Grausamkeit nur allzu deutlich. Symbolisch sind die Arbeiten des Bildhauers nach Norden ausgerichtet, in die schwedische Heimat der Toten. Dort hat man den neuen Gedenkort mit viel Wohlwollen aufgenommen: Ein Besuch wird schwedischen Gästen auf Deutschlandreise sogar von offiziellen Institutionen angeraten. Das Mühlheimer Schwedengrab wird dadurch auch zu einem Ort der Versöhnung, gut 400 Jahre nach den schrecklichen Ereignissen im Februar 1633 sind an der Donau Besucher aus dem hohen Norden nicht mehr gefürchtet, sondern hochwillkommen.

Erholung vom Grusel

Unmittelbar nach den Schrecken des Krieges entstand auf dem benachbarten Welschenberg, auch als Dank der wenigen Überlebenden, eine bald blühende Marienwallfahrt. 1756 konnte man sogar darangehen, eine äußerst stattliche Barockkirche zu errichten, der allerdings nur noch eine kurze Lebensdauer beschieden war. Die Säkularisation kaum fünfzig Jahre später machte der Wallfahrt ein Ende; während die Gebäude drum herum vollends verschwanden, verfiel das Gotteshaus langsam vor sich hin. Erst spät nahm man sich der beeindruckenden Überreste an, teilrestauriert ist sie heute das seltene Beispiel einer barocken Kirchenruine – in der inzwischen wieder Gottesdienste gefeiert werden.

Das Mahnmal mit dem Schloss im Hintergrund

Unscheinbarer kann ein Spukort kaum sein: Neudorf.

26

BENDER – DIE FRÜHEN FÄLLE

Poltergeister in Neusatz und Neudorf

Anfang der 1950er Jahre traten in zwei nordbadischen Gemeinden spektakuläre Spukphänomene auf.
Der Freiburger Professor Hans Bender reiste mit der Hoffnung an, dort wissenschaftliche Beweise finden zu können.

Graben-Neudorf, Landkreis Karlsruhe (KA) **Ort** Rathausstr. 2–4, 76676 Graben-Neudorf **GPS** 49.171293, 8.495715 **Anfahrt** Bahnhof Graben-Neudorf (RE Karlsruhe–Pforzheim, S-Bahn Karlsruhe–Mannheim) A5, Ausfahrt Bruchsal

Neusatz (Stadt Bühl), Landkreis Rastatt (RA) **Ort** Schwarzwaldstraße 42, 77815 Bühl **GPS** 48.658545, 8.150060 **Anfahrt** Bahnhof Bühl (RE Konstanz–Karlsruhe, S-Bahn Achern–Karlsruhe) A5, Ausfahrt Bühl

VORGÄNGE UM VORHÄNGE: NEUSATZ!

Irgendwann wandten sich die Bewohner des Hauses in Neusatz, einem schmucken Dorf, das sich hinter Bühl an den Schwarzwaldhängen emporstreckt, an einen Mann, von dem sie sich Verständnis und Hilfe erhofften: den örtlichen katholischen Pfarrer. Das Leben in den eigenen vier Wänden war seit Ende 1950 schier unerträglich geworden. Es schien so, als gäbe es neben den vier regulären Bewohnern, einer alten Frau, ihrem erwachsenen, geistig-behinderten Sohn und einem Ehepaar, das zur Untermiete wohnte, noch irgendwen oder irgendetwas in dem Häuschen, das seit einiger Zeit buchstäblich für Furore sorgte. Auf dem ländlichen Anwesen verschwanden Lebensmittel, die an anderen Stellen wieder auftauchten, Kleidungsstücke zerrissen, Gegenstände gingen zu Bruch, Schritte waren zu hören, wo niemand im Raum war, und die Vorhänge wurden in Abwesenheit mehrfach abgenommen. Gerade letzterer Vorgang war der Hausherrin in dem überschaubaren Dorf besonders peinlich und einer der Auslöser, sich an den Pfarrer zu wenden. Der zeigte sich tatsächlich verständnisvoll und beeindruckt, vertraute aber weniger auf religiöse Beschwörungen und Gebete, sondern reagierte mit einer ganz nüchternen, aber ungewöhnlichen Idee: Offensichtlich hatte er von dem noch jungen Freiburger Institut für Grenzgebiete der Psychologie und Psychohygiene und dessen Leiter Professor Hans Bender gehört (siehe 13). Einmal angefragt, sah Bender die unverhoffte Möglichkeit, Belege in einem aktiven Spukhaus sammeln zu können, und sagte zu. Dass der Priester zugleich die Polizei in Form des Landeskriminalamtes verständigt hatte, war ihm nur allzu recht, wegen der Unterstützung eines Fachmannes und wegen der Seriosität des LKA. Und so trafen im Sommer 1951 sowohl ein hoher Beamter der Polizei als auch Professor Bender in Neusatz ein, um den Fall gemeinsam zu untersuchen. Bewohner und weitere Zeugen wurden befragt, Beweisstücke wie zerrissene Kleider und zerstörte Gefäße untersucht, alles erinnerte somit an einen Kriminalfall. Mitsamt der Möglichkeit, den Täter, irdischer oder überirdischer Natur, auf frischer Tat zu ertappen. Da dieser sich gerne an den Vorhängen zu schaffen machte, wurden diese mit einer komplizierten Drahtkonstruktion versehen, die bei kleinster Berührung sofort Scheinwerfer und eine Kamera auslöste. Der Raum, in dem sich die Geräte befanden, wurde unter Aufsicht versiegelt. Doch in den folgenden zwei Wochen geschah nichts. Als die Beobachter selbst das Zimmer wieder betraten, wurde die Kamera sofort ausgelöst, die Technik hatte folglich nicht versagt. Der Spuk konnte zwar nicht auf Zelluloid, aber anscheinend insgesamt gebannt werden. In Neusatz war fortan Ruhe.

ANGST BEIM BÜRGERMEISTER: NEUDORF

Schon im folgenden Jahr erhielt Hans Bender eine erneute Anfrage aus Nordbaden, diesmal war es kein Geistlicher, aber eine Behörde, das Gesundheitsamt in Bruchsal, das ihn um Hilfe bat. In Neudorf war es im Haus des Bürgermeisters zu teils ähnlichen Vorfällen wie in Neusatz gekommen, vor den Augen der Hausbewohner und vieler Zeugen rückten Gegenstände umher, flogen durch die Luft, selbst schwere Maschinen auf dem ebenfalls ländlichen Anwesen wurden umgestürzt. Zwar schienen hier die Vorhänge verschont zu werden, doch noch viel unheimlicher fanden die Hausbewohner oft morgens die Matratzen, auf denen sie nachts einen unruhigen Schlaf verbracht hatten, am nächsten Morgen zerschlitzt unter sich. Eine Besonderheit dieses eindeutigen Poltergeist-Falles war die große Anzahl der Zeugen, denn die Ereignisse hatten sich nicht nur im Dorf, sondern der gesamten Umgebung herumgesprochen, ganze Busladungen reisten an. Schließlich handelte es sich zudem ja um den Bürgermeister als Betroffenen, also lokale Prominenz. Professor Bender empfand gerade dies wiederum als glaubwürdigen Punkt, der Gemeindevorstand würde schließlich kaum seine Stellung und das in ihn gesetzte Vertrauen durch Tricksereien und Manipulationen aufs Spiel setzen. Für den Freiburger Experten war in Neudorf außerdem ein klassisches Schema erkennbar: Hier gab es ein pubertierendes Kind, den 13-jährigen Sohn, der Theorie des Poltergeistphänomens nach standen nämlich oft Teenager mit inneren Konflikten im Mittelpunkt, sie könnten durch umgeleitete Energien indirekte Auslöser der Vorfälle sein. Dafür fand sich auch hier einige Evidenz: Der Sohn war zwar keineswegs der direkte Verursacher irgendwelcher Ereignisse – mehrfach war er in anderen Räumen oder unter Aufsicht, als sich Unheimliches zutrug –, doch umgekehrt geschah ohne seine Anwesenheit in der Nähe nichts. Als der Vater und der Sohn durch Bender einige Zeit weggeschickt wurden, blieb alles ruhig. Besonders spektakulär unter den Ereignissen in Neudorf war ein von mehreren Personen beobachteter Regen von Nägeln in einem Raum. Die Nägel manifestierten sich erst einige Zentimeter unter der Decke – kamen also nicht durch die

So leer waren die Straßen Neudorfs zu Zeiten des Spuks nicht.

Wände – und fielen dann herab; mit anderen Gegenständen, die auf ähnliche Weise plötzlich aufgetaucht waren, hatten sie zweierlei gemein: Sie waren bei Berührung leicht warm und sie stammten aus anderen Räumen desselben Hauses, waren folglich keineswegs aus dem Nichts entstanden. Professor Benders Fazit war in beiden Fällen ähnlich: Einen handfesten Beweis für Spuk konnte er nicht erbringen, ebenso wenig wie eine rationale Erklärung der Vorgänge oder einen Beleg für Betrug. Als Erfolg betrachtete er die Vor-Ort-Studien trotzdem. Die Zusammenarbeit mit diversen Behörden unterstrich aus seiner Sicht die Akzeptanz und Anerkennung seines Fachs, der Parapsychologie, und in den konkreten Fällen die Glaubwürdigkeit der Phänomene – die ja nicht widerlegt worden waren. Auch die Hilfesuchenden sahen Benders Eingreifen als Erfolg an: Wie schon in Neusatz flauten die Spukereignisse auch in Neudorf nach dem Besuch der Freiburger Wissenschaftler rapide ab und verschwanden schließlich vollends.

Das Gespenst nebenan

Im Neusatz benachbarten Ottersweier treibt ein traditionelles Gespenst sein Unwesen. Einst ein korrupter und an seiner seelsorgerischen Arbeit wenig interessierter Geistlicher, der, selbst bestens versorgt, seinen Schäfchen in Notzeiten durch den Verkauf überteuerter Lebensmittel noch das letzte Geld abpresste, wurde dieser untreue Diener Gottes nach seinem Ableben von seinem Herrn durch ewiges Umherwandeln auf Erden bestraft. Für die Bevölkerung war das keine gute Nachricht: Der Schwarze Pfaff lauert als äußerst aggressiver Untoter den Menschen der Region auf, um sie zu quälen, selbst Überfälle mit Todesfolge werden ihm nachgesagt.

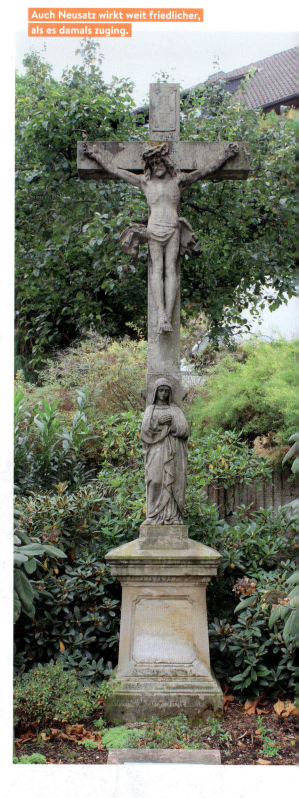

Auch Neusatz wirkt weit friedlicher, als es damals zuging.

27

SCHWARZE LIES CONTRA MALEFIZSCHENK

Elisabetha Gassner in Oberdischingen

Für die einen clevere Räuberbraut, für die anderen durchtriebene Erzschurkin: Die Diebin Elisabetha Gassner bewegte die Gemüter. Besonders das ihres Verfolgers, des Henkersgrafen von Castell – der sie schließlich in seine Hände bekam.

Oberdischingen, Alb-Donau-Kreis (UL)
Ort Schloßplatz 9, 89610 Oberdischingen **GPS** 48.301658, 9.831961
Anfahrt Bahnhof Erbach/Württemberg (RB Ulm–Biberach) A7, Ausfahrt Dreieck Hittistetten

In Oberdischingen herrschte dank des Henkersgrafen Recht und Ordnung.

EIN FATALER GLÜCKSGRIFF – Die beiden Frauen passten nicht so recht zum Rest der Gesellschaft, die sich im September 1782 zum feierlichen Gottesdienst in der Ludwigsburger Hofkapelle versammelte. Aber natürlich lockte der Besuch des russischen Großfürsten Paul – späterer Zar – und seiner Gattin, Maria Feodorowna, einer Nichte des regierenden württembergischen Herzogs Carl Eugen, auch allerlei schaulustiges Volk an. Eine doppelt günstige Gelegenheit für Elisabetha Gassner und ihre Begleiterin Lisabeth, beides professionelle Taschendiebinnen. Lisabeth hatte während der Feier einen gut gekleideten Herrn ausgemacht, den ihre Komplizin beim Heraustreten aus der Kirche kurz ablenken sollte, sodass sie unbemerkt einen Griff in dessen Taschen wagen könnte. Der Plan gelang – und zwar besser als gedacht. Lisabeth entwendete dem Herren sagenhafte 1400 Gulden, eine enorme Summe, 350 Gulden der fetten Beute gab sie ihrer Kollegin Elisabetha ab. Dann verschwanden beide möglichst schnell, ihnen war klar, dass sowohl die hohe Summe als auch die beklaute Person, ihrer Meinung nach war es womöglich sogar der Großfürst selbst, bei Bemerken des Diebstahls für enormes Aufheben sorgen würden. Es wäre besser, einige Zeit stillzuhalten. Durchgehalten hat Elisabetha Gassner, erst einmal wieder allein unterwegs, dies nicht: Zwar in sicherer Entfernung, im schweizerischen Rheintal, aber bereits in den folgenden Wochen beging sie weitere, unspektakuläre Taschendiebereien an Bauern. Die erbeuteten Summen waren dementsprechend nicht zu vergleichen: mal 4 Gulden, mal 7 Gulden. Aber kleinere Diebstähle auf Märkten waren Elisabethas Hauptgeschäft, und dies seit ihrem ersten bekannten Raub, dem Aufbrechen eines Opferstocks 1767. Um 1742 geboren, getauft in Wiblingen bei Ulm, Tochter vagabundierender Eltern, hatte sich Elisabetha selbst irgendwann zu dieser Lebensform gezwungen gesehen, nicht-sesshaft durch die Lande zu laufen, bestückt mit einer Krätze, einem auf dem Rücken getragenen Gestell, dass ihre wenige Habe trug und selten auch einmal kleinere Ware zum Verkauf. Ihren Hauptlebensunterhalt verdiente sie jedoch mit den vielen Diebstählen auf Märkten, Festen und Wallfahrten, überall »wo es nur ein gedräng gab«, manchmal alleinumherziehend, manchmal wie in Ludwigsburg mit einer Kollegin.

Dieser Zustand hätte dem adeligen Ortsherrn nicht gefallen.

DER FEIND – Franz Ludwig Schenk von Castell (1736–1821) herrschte zwar nur über ein winziges Territorium, aber dank diesem und als Mitglied des Hochadels hatte er die niedere und vor allem die höhere Gerichts-

SCHWARZE LIES CONTRA MALEFIZSCHENK 117

barkeit dort inne: das Recht, über Leben und Tod zu entscheiden. Und so errichtete er in Oberdischingen, seiner Residenz, nicht größer als ein Dorf, eine über seine eigenen Bedürfnisse weit hinausgehende Fronveste und schloss Verträge mit fast 140 verschiedenen Staaten, um ihnen ihre Verbrecher abzunehmen, über sie Gericht zu halten und sie entweder hinzurichten oder in seinem Gefängnis einzusperren. Dadurch wurde der Malefizschenk im ganzen Süden des Reiches und bis in die Schweiz wohlbekannt, die jeweiligen Landesherren waren nur zu froh darüber, dass ihnen jemand dieses leidige Geschäft abnahm. Sein Ruf in der Überlieferung ist dagegen äußerst zweifelhaft, vom Henkersgrafen ist die Rede, den Blutgeruch umgab, dem die eigene Bevölkerung in einer Mischung aus Respekt und Furcht lieber aus dem Weg ging, vom Banden- und Menschenjäger, selbst in der eigenen Familie war sein Vorhaben heftig umstritten. Dabei erbaute Franz Ludwig seine Fronveste nach damals modernsten Maßstäben. Bald musste sie erweitert werden, das »Geschäft« lief allzu gut. Weit über 2000 Personen standen auf den Fahndungslisten der Amtmänner und des Grafen. Natürlich war Franz Ludwig ein, wie wir heute sagen würden, Law-and-Order-Mann, aber er war keineswegs ein sadistisch angehauchter Hardliner. Als aufgeklärter Kleinherrscher achtete er auf eine vergleichsweise menschenwürdige Unterbringung, er lehnte die Folter ab und begnadigte die Hälfte der von seinem Gericht zum Tode Verurteilten – wenn auch meist erst in letzter Minute. Als sich der Oberdischinger Justizbetrieb endlich zu lohnen begann – die Bauten, Unterbringung und die aufwendige Fahndung waren teuer –, kam auch schon das Ende. Die Herrschaft Oberdischingen fiel an das neue Königreich Württemberg. Dessen autoritärer Herrscher Friedrich, ohnehin kein Freund des Grafen, entzog Franz Ludwig die Gerichtsbarkeit und ging schließlich, als dieser sich wehrte, in einem recht böswilligen Prozess gegen ihn vor. 1808 musste der Malefizschenk seine letzten Gefangenen abgeben. Er wohnte nun selbst in der Fronveste, hatten doch freigelassene rachsüchtige Bandenmitglieder sein Schloss 1807 in Brand gesteckt. Verbittert, verleumdet und verarmt lebte der Henkersgraf in seiner eigenen leeren Haftanstalt.

DIE BEGEGNUNG – In besseren früheren Tagen noch gelang nach jahrelanger Suche den Behörden des Grafen ein großer Coup, in Neuhausen auf den Fildern ging ihnen eine der meistgesuchten Personen auf ihrer Liste in die Falle: Elisabetha Gassner, längst berühmt-berüchtigt als die Schwarze Lies. An die 200 verschiedene Vergehen legte man ihr inzwischen zur Last, neben Einbrüchen, Bandenkriminalität und den unzähligen Diebstählen im ganzen Südwesten bis hin nach Österreich und der Schweiz auch Ehebruch. Die kinderreiche Ehe mit Johannes Gassner aus Biberberg hatte nicht für Solidität gesorgt, im Gegenteil, der seine Gattin misshandelnde Ex-Soldat beteiligte sich an den Räubereien und vertickte das Erbeutete. Nachdem er eine Gefängnisstrafe absitzen musste, während Elisabetha die Flucht gelang, kehrte sie nicht zu ihm zurück, fing später eine Beziehung mit einem Räuberkollegen an. Johannes Gassner wurde einmal mehr festgenommen, von den Oberdischingern – er sagte umfassend aus und gab dabei auch seine Noch-Frau preis. Es rettete ihn nicht: Anfang 1788 wurde er in Oberdischingen hingerichtet. Dort war nun auch Elisabetha eingetroffen: Der zuständige Oberamtmann Röm entlockte ihr, nicht ohne Widerstand, der zeitweilig auch mit Schlägen gebrochen wurde, mühsam nach und nach ein ellenlanges Geständnis. Ihre Hinrichtung – ein anderes Ergebnis der Untersuchung konnte, was allen Beteiligten bewusst war, am Ende nicht herauskommen – versuchte Elisabetha durch allerlei Tricks, etwa eine vorgetäuschte Schwangerschaft, hinauszuzögern, doch der Richter blieb bei seinem Urteil: Tod durch den Strang. Eine Überraschung hatte das Verhör aber doch gebracht: Der einst in Ludwigsburg beklaute Edelmann konnte identifiziert werden. Es war niemand anderes als Franz Ludwig Schenk von Castell selbst. Als rachsüchtig erwies er sich jedoch nicht. Er milderte das Urteil ab: Statt des äußerst unehrenhaften Todes am Galgen wurde Elisabetha Gassner am 16. Juli 1788 in Oberdischingen mit dem Schwert hingerichtet.

Erholung vom Grusel

Wer heute aus Richtung Erbach nach Oberdischingen hineinfährt, findet sich fast noch immer im originalen Residenzdorf des Malefizschenken wieder: Sowohl die hineinführende Allee als auch die perfekt symmetrischen Häuser der Herrengasse gehen auf seine Initiative zurück, ebenso die auffällige klassizistische Pfarrkirche und einige der noch vorhandenen Herrschaftsbauten. In dieser Form ein einmaliges Ensemble in ganz Baden-Württemberg, das die Erinnerung an Franz Ludwig in einem positiveren Sinn als seine zweifelhaften Verdienste bei der Verbrecherjagd hochhält.

↓ Die Kirche geht ebenso auf den Malefizschenken zurück ...
↘ ... wie die stattliche Herrengasse.

Halt, da ist ein Spalt: die Geisterhöhle im Albfelsen

28

GESPALTENE GESPENSTER

Die Geisterhöhle Rechtenstein

Die Forscher sind sich uneins: Wer trieb sich einst in früheren Zeiten in der Rechtensteiner Höhle herum? Für die Bevölkerung dagegen war die Antwort schon immer klar: Geister!

Rechtenstein, Alb-Donau-Kreis (UL) **Ort** Brühlhofstraße, 89611 Rechtenstein **GPS** 48.242142, 9.563189 **Anfahrt** Bahnhof Rechtenstein (RE Ulm–Donaueschingen) A7, Ausfahrt Nersingen (weiter B10, B311)

EIN BESCHAULICHES IDYLL – Der Herr Professor Johann Daniel Georg von Memminger charakterisierte Rechtenstein 1826 in seiner »Beschreibung des Oberamtes Ehingen« folgendermaßen: »Der Ort liegt malerisch schön an dem Ufer der Donau, die hier zwischen schroffen Felsen durchgeht, und steigt an der steilen Felsenwand in einer engen Kluft hinauf. Auf der Höhe über gewaltigen Felsen steht eine schöne Kirche zum h. Georg und neben ihr liegen die malerischen Ruinen des Schlosses Rechtenstein, das, nachdem es die Schicksale vieler Jahrhunderte überstanden hatte, erst im J. 1817 abgebrochen wurde. In dem Felsen unter den Ruinen befindet sich eine merkwürdige, gegen das Thal hinabziehende Höhle.« Es sind zwar eher die Felsen neben und nicht unter den Ruinen, die die Höhle beherbergen, aber ansonsten scheint diese fast zweihundert Jahre alte Schilderung des Ortes an der Donau kaum eine Veränderung nötig zu haben. Die Bahn fährt inzwischen durchs Tal, die stilvollen Gebäude der einstigen Holzstofffabrik neben dem Wehr fügen sich in das idyllische Bild des Felsendorfes ebenso ein wie die dazugehörigen Reste einer kleinen Feldbahn hin zum Bahnhof, der wiederum als einer der schönsten der Strecke gilt. Selbst das kurzlebige Großprojekt einer Zementfabrik, das in den Jahren 1902/03 spektakulär mit Betrügereien und einem Großbrand scheiterte, hat nur versteckte überwucherte Überreste im nahen Wald hinterlassen. Alles ruhig und beschaulich an der schönen blauen Donau. Aber es geht ein Riss durch Rechtenstein.

WO SIND DIE GEISTER? – Denn es gibt diese bereits erwähnte Höhle, genau genommen ein gut sechs Meter hoher Spalt im Felsen über dem Dorf. Zwar mag sie bei Weitem nicht so spektakulär wie andere Höhlen der Schwäbischen Alb sein, man denke an den Hohle Fels mit seinen Welterbefunden oder die Wimsener Höhle mit Bootsfahrten ins Innere, aber dafür hat die manchmal schlicht Rechtensteiner Höhle genannte Vertiefung einen verheißungsvollen Namen: Geisterhöhle. Der hoch über dem Fluss senkrecht klaffende Spalt reicht in vier Gängen tiefer in das Gestein hinein, zugänglich ist der Hauptraum gleich am äußeren Rand – heutzutage bequem mit Treppen. Gerätselt wird allerdings, ob sich bereits in früheren Zeiten Menschen den Schutz des Hohlraums zunutze machten, wie das ja bei nicht wenigen der Albhöhlen der Fall war. Die Archäologen konnten bei Untersuchungen immerhin verschiedene Knochen ausgraben, die allerdings ausschließlich von Tieren – Höhlenbär und Ren – stammten. Womit kein endgültiger Beweis geliefert ist: Die Tiere konnten dort

Die Burg Rechtenstein

Die Geisterhöhle im Inneren ...

auch ohne menschliches Zutun Schutz gesucht haben oder von Fleischfressern als Beute dorthin geschleppt worden sein. Deutlich spätere und lediglich spärliche Funde aus der Römerzeit weisen zwar auf eine vermutlich kurzfristige Nutzung hin, welcher Art diese gewesen sein soll, ist aber ebenfalls nicht klar. Mysteriöses bleibt folglich so einiges für die Forscherzunft, den Menschen der Umgebung war die Höhle offensichtlich schon immer unheimlich, daher der gruselige Name. War es nur der bedrohlich wirkende schwarze Spalt im Fels oder hatten auch sie vielleicht bereits den ein oder anderen Knochen dort gefunden und ganz anders interpretiert als die nüchterne Wissenschaft? Für sie war jedenfalls eindeutig, wer dort oben gewohnt hat – und womöglich immer noch wohnt: Geister.

Unheimliche Begegnung der anderen Art

1744 ersetzten die Herren von Rechtenstein ihre Burgkapelle durch die schmucke Barockkirche St. Georg. Diese zeichnete sich nicht nur durch beste Lage, sondern auch als Anziehungspunkt für fromme Pilger aus, bestand doch hierher eine lokale Wallfahrt zu den sogenannten Drei heiligen Elenden. Die sonst selten anzutreffende Verehrung dieser Heiligen wurde von der Herrschaft gefördert und war besonders bei der Bitte um Heilung von Kinderkrankheiten populär. Laut Legende handelte es sich bei den drei Elenden – was lediglich »drei Fremde« zu bedeuten hat – wahlweise um Pilger, die sich einst an der bayerischen Donau niedergelassen hatten, oder um römische Legionäre, die dort Opfer der Christenverfolgung geworden waren. In Rechtenstein sind Herenneus, Archus und Quadranus auf dem Seitenaltar und einem stuckumrahmten Bildnis zu sehen.

... und der Aufstieg hinauf in das geheimnisvolle Felsloch.

29
HANDWERK HAT GOLDENEN BODEN

Josef Weber, der Scharlatan von Schutterwald

Nicht nur Sportler werden in Schutterwald für die Fähigkeiten ihrer Hände bewundert. In den 1970er Jahren machte dort Josef Weber bundesweit von sich reden: Er konnte, so waren unzählige Anhänger überzeugt, mit seinen Händen heilen.

Schutterwald, Ortenaukreis (OG) **Ort** Langhurst, 77746 Schutterwald **GPS** 48.473709, 7.877029 **Anfahrt** Bahnhof Offenburg (ICE, IRE Konstanz–Karlsruhe, RE Basel–Offenburg) A5, Ausfahrt Kreuz Offenburg

Ihm dürften auch die besten heilenden Hände nicht mehr helfen.

EIN MANN MIT VISIONEN – Die eigene Firma pleite, Gerichtsverfahren verloren, Bewährungsstrafe und Schulden am Hals, die Familie mit zwei Kindern zu ernähren, aber nur einen Job als Raupenfahrer auf dem Bau, das Häuschen noch immer nicht fertig, aber schon droht die Räumung wegen offener Rechnungen – da kann eigentlich nur noch ein Wunder helfen. Erfreulich, wenn es dann auch eintritt. Schließlich kann man damit hier im Neubaugebiet von Langhurst, einem Ortsteil von Schutterwald, im Winter des Jahres 1973 als zugezogener und leidgeplagter und ansonsten eher unauffälliger Arbeiter nicht unbedingt rechnen. Josef Weber war in seinem bisherigen Leben nämlich ohnehin nicht besonders vom Glück verwöhnt. In den allerletzten Kriegstagen 1945 in Oberschlesien geboren, Vater unbekannt, stand erstmal die Flucht an, danach ein unstetes Leben erst im Norden Deutschlands und dann in verschiedenen Orten Südbadens, wo sich seine Mutter schließlich wieder verheiratete. Anfang der 1970er Jahre kam Weber, inzwischen selbst mit Familie, nach Langhurst, wo er eine kleine Baufirma aufzog, die schließlich insolvent ging. Prozesse folgten, Aufsichtspflichtverletzungen und Betrug beim Konkurs wurden ihm vorgeworfen, aus denen eine kurze Gefängnis- und eine längere Bewährungsstrafe resultierten. Der vormalige Besitzer einer Baufirma verdingte sich nun als besserer Hilfsarbeiter, sein Eigenheim war selbst noch immer Baustelle, der Auszug schien kaum noch vermeidbar. Dann kam der 6. Dezember 1973. Webers Frau hatte heftige Kopfschmerzen, er legte seine Hände auf ihr Haupt, die Migräne war weg. Gegenüber der Presse erklärte Josef Weber, was in der Folge dieses erstaunlichen Ereignisses geschah: »In dieser Nacht erschien mir im Schlaf das grellleuchtende Dreifaltigkeitszeichen und eine Stimme sagte zu mir: ›Du bist ausersehen, den Menschen zu helfen. Du hast die Kraft in dir.‹«

SEHNSUCHTSZIEL SCHUTTERWALD – Weber testete seine neuen Fähigkeiten erst einmal im Bekanntenkreis, dann setzte er eine Anzeige auf: »Schiwa sagt Ihnen Ihre Zukunft in Liebe, Ehe und Erfolg voraus.« Aber Weissagungen interessierten die Menschen eher weniger, es waren Webers heilende Hände, die bald ganze Ströme an Besuchern nach Schutterwald lockten. Schuld daran war nicht die lokale Werbung der Familie, sondern die Bild-Zeitung, die durch einen Reporter auf die Sache aufmerksam wurde und sie in der bekanntlich wenig zurückhaltenden Art dieses Mediums gleich in mehreren Artikeln aufmerksamkeitsheischend in Szene setzte – und zwar bundesweit. Da sie sogar die Adresse des »Wunderheilers« veröffentlichte, sah man bald zahlreiche Hilfesuchende auf der provisorischen Treppe des Rohbaus in Langhurst Schlange stehen. Webers Wunderkraft traf den Zeitgeist, Esoterisches war in Mode, das Vertrauen in die Religion gesunken, Ängste vor einer Apparatemedizin waren dagegen hoch, ein Ansturm begann. Weber expandierte, er empfing nicht mehr nur in Schutterwald, sondern auch bald im Norden Deutschlands, weitere Filialen entstanden, die er gerne mit dem Flugzeug aufsuchte. Aber was genau machte er eigentlich bei seinen Sitzungen? Genau genommen nicht viel. Ein Physiker, der sich bereits mit ähnlichen Persönlichkeiten befasst hatte und ihn beobachten durfte, konstatierte extrem Unspektakuläres: Weber »stand in der Ecke eines größeren Zimmers, und die wartenden Kranken traten einzeln an ihn heran. Er fragte sie nach ihren Beschwerden und legte ihnen dann eine oder beide Hände auf den erkrankten Körperteil. Ein für mich hörbares Gebet wurde nicht gesprochen. Es war bei der Kürze der Behandlung, die im Mittel kaum zwei Minuten dauerte, auch kaum möglich.« Das Ganze war also eine ziemliche Massenabfertigung ohne Brimborium, keine geheimnisvollen Riten oder Beschwörungsformeln, einmal kurz Handauflegen und »Der Nächste bitte!«. Wirkung: fulminant. Ein Mediziner befragte für eine wissenschaftliche Studie die Kundschaft nach der Behandlung und kontaktierte diese nach einigen Wochen erneut. Ergebnis: Gut 70 % waren sehr zufrieden, fühlten sich besser oder sogar geheilt. Die Presse zitierte zahlreiche enthusiastische Genese.

VOR GERICHT – Die Behörden zeigten sich weniger begeistert. 1975 hatte Weber seinen Hauptsitz in die Nähe von Müllheim im Markgräflerland verlegt, da war ihm die Justiz bereits – mal wieder – auf den Fersen. Die Vorwürfe lauteten auf Betrug und Verstoß gegen das sogenannte Heilpraktikergesetz, das Laien medizinische Tätigkeiten untersagte. Josef Webers Situation hatte sich ja seit dem Nikolaustag 1973 schlagartig verändert. Zwar war es ihm, wie er offiziell betonte, laut seiner Vision verboten, für seine Dienste etwas anzunehmen, aber er konnte die Menschen schließlich nicht daran hindern, ihm aus Dankbarkeit Geld zuzustecken. Und das taten sie reichlich. Mit leichter Verzögerung begann im Dezember 1975 die Verhandlung, die mit einer Verurteilung wegen Verstößen gegen das Heilpraktikergesetz endete, der Beschluss wurde nach Klagen bis hoch zum Bundesgerichtshof endgültig 1977 rechtskräftig. Weber wurde jede weitere Tätigkeit untersagt. Aber von Täuschung war immerhin keine Rede gewesen und seinen Anhängern war dies ohnehin egal. Sie folgten ihm auch nach St. Louis im Elsass, nur wenige Meter hinter der deutschen und schweizerischen Grenze. Der Ex-Bauarbeiter praktizierte dort nun als »Pneumotherapeut« und scheute sich auch nicht mehr, nun ganz offen Gebühren zu kassieren – und zwar keineswegs geringe. Die französische Ärzteschaft war vom neuen Kollegen wenig angetan und zeigte ihn kurzerhand an. 1981 folgte das nächste Urteil, dieses Mal explizit wegen Betrugs. Webers Zeit war endgültig vorbei. Seine Anhängerschaft verlor sich, die Presse hatte ohnehin längst jedes Interesse verloren. 1991 starb Josef Weber völlig vergessen mit nur 46 Jahren.

Unheimliche Begegnung der anderen Art

Der Pfarrer des Nachbarortes Altenheim notierte im Jahr 1660 einen Vorfall, der uns einiges über die seltsamen Methoden und Ansichten jener Tage verrät. Am 7. Februar jenes Jahres war in Altenheim die aus Schutterwald stammende Witwe Barbara Birklin in ihrem Haus erhängt aufgefunden worden. Der herbeigerufene Amtmann aus Lahr berief darauf am nächsten Tag den Henker, der sie mit seinem Schwert »abgeschnitten und zuvor ein sechsöhmig Faß unter sie gestellet, daß sie alsbald in das Faß gefallen, zugeschlagen und im Haus stehen blieben«. Erst nach gut einer Woche wurde der Beschluss gefasst, die Leiche auf dem *Schelmenwasen*, und somit unehrenhaft, zu begraben. Der Priester verhehlte seinen Abscheu vor der Selbstmörderin nicht, und da schon ihre Mutter »zu Schutterwaldt beim Galgen öffentlich verbrannt worden« war, zeigte er sich zudem auch nicht überrascht.

> Langhurst war zwischenzeitlich das Epizentrum der Heilungssuchenden.

HANDWERK HAT GOLDENEN BODEN

Die Herren auf Burg Staufen erhofften sich von Faust Gold zur Schuldentilgung.

30

DIE TOILETTE DES TEUFELS

Faust in Knittlingen und Staufen

Ein bizarrer sternförmiger Schrank, ein Zettel mit einer Zauberformel, ein paar üble Nachreden, ein Hotelzimmer im Breisgau. Mehr blieb nicht vom einstigen Schwarzkünstler Dr. Georg Faust – nachdem ihn buchstäblich der Teufel geholt hatte.

Staufen im Breisgau, Landkreis Breisgau-Hochschwarzwald (FR)
Ort Hauptstr. 47, 79219 Staufen im Breisgau **GPS** 47.881784, 7.731587
Anfahrt Bahnhof Staufen (RB Bad Krozingen - Münstertal) A5, Ausfahrt Bad Krozingen

Knittlingen, Enzkreis (PF) **Ort** Kirchplatz 2, 75348 Knittlingen GPS 49.023937, 8.757689
Anfahrt Bahnhof Knittlingen-Kleinvillars (RB Stuttgart - Bruchsal) A5, Ausfahrt Bruchsal

FAUSTS LEBEN – Niemand Geringeres als Philipp Melanchthon, der intellektuelle Kopf hinter Luthers Reformation, bezeichnete Georg Faust mit einem reichlich derben Ausdruck, allerdings abgemildert durch das nicht jedem verständliche Latein: *cloaca multorum diabolorum*, in der damaligen sogenannten grobianischen Sprache übersetzt als *Scheißhaus vieler Teufel*. Der sonst oft auf Ausgleich bedachte Melanchthon wusste offensichtlich, von wem er sprach, denn er, der aus Bretten stammte, lieferte auch den entscheidenden Hinweis auf Fausts Geburtsort, *Kundling*. Obwohl durch weitere Urkunden nicht belegt, bestehen heute keine ernsthaften Zweifel mehr, dass es sich dabei um Knittlingen handelt. Hierfür gibt es einige indirekte literarische Hinweise nach seinem Tod, dazu einige schwerwiegende Indizien vor Ort selbst. 1837 grub man unter einer Scheune, die an Fausts vermutetes Geburtshaus grenzt, einen Schrank aus, der hier wohl versteckt worden war; es dürfte sich um eines der kuriosesten Möbelstücke überhaupt handeln. Der Schrank hat die Form eines Sechsecks, eines Hexagramms, und trägt in jedem Zacken alchemistische Zeichen. Ob Fausts Giftschrank von ihm oder einem Nachfolger in Auftrag gegeben wurde, ist jedoch unklar. 1921 fand sich schließlich in einem Balkenastloch des vermeintlichen Geburtshauses ein Beutelchen mit einem Zettel, der einen magischen Abwehrzauber, die sogenannte Sator-Arepo-Formel, und mögliche Rezeptaufzeichnungen enthielt. Fausts eigene Handschrift? Auch hier gibt es keine eindeutige Antwort, es fehlt ein Vergleichsstück. Die Argumente, die für Knittlingen als Geburts- und womöglichen Arbeitsort Fausts sprechen, sind also ziemlich bestechend, selbst wenn die genannten Gegenstände gar nicht von ihm, sondern einem Verehrer oder etwa Schüler stammen sollten.

TATEN – Im Zeitalter der Aufklärung gab es einige Zweifel daran, ob dieser Georg Faust überhaupt tatsächlich existiert hatte – und noch heute hält ihn mancher für eine rein literarische Figur. Doch ist er unzweifelhaft historisch verbürgt, auch wenn es zahlreiche Unwägbarkeiten gibt, denn Faust taucht in seiner vermuteten Lebenszeit zwischen 1480 und 1540 immer nur kurz und blitzartig auf, nachweisbar ist er erst ab 1506, immer wieder gibt es sehr lange Lücken, in der wir rein gar nichts über ihn und seinen Verbleib erfahren. In jedem Fall war er schon zu Lebzeiten in bestimmten Kreisen recht bekannt, allerdings war dies einerseits ein eher zweifelhafter Ruhm, richtig populär wurde er schließlich durch das Faustbuch von 1587 und später Goethes Theaterstück. Zu Lebzeiten waren die über ihn verbreiteten spärlichen Zeugnisse überwiegend negativer Natur: abfällige Bemerkungen in Briefen, amtliche Ablehnungsbescheide, aber auch

Hinweise auf eingetroffene Prophezeiungen. Er war als Wahrsager und Astrologe, der unter anderem Horoskope erstellte – etwa 1520 für den Bamberger Bischof – tätig, als Alchemist und wohl auch Heilmittelchenverkäufer, dies aber immer wieder nur in Abständen. Zu anderen Zeiten dürfte er sich in sein Labor zurückgezogen haben, aber welche Art von Alchemie Faust betrieb, ist nicht klar. Einerseits gab es die betrügerische Variante, die mit billigen Zaubertricks gutgläubigen Opfern das Geld aus der Tasche zog, anderseits die ernsthafte, »wahre« Alchemie, die auf einem sehr komplexen philosophischen System beruhte und einen großen Aufwand an Schriften und Arbeitszutaten erforderte, um die Suche nach dem Stein der Weisen zu ermöglichen, der die Elemente umwandeln konnte oder gar ewiges Leben versprach. Faust dürfte eher letzterer Richtung angehört haben, was nicht heißt, dass er nicht zugleich ein wortgewandter und gewiefter Verkäufer war, mussten die teuren Experimente doch finanziert werden. So reiste er wohl immer wieder durch die Lande, vertrieb an Höfen und auf Marktplätzen Erzeugnisse seiner Kunst, wurde dabei zum gelehrten Doktor oder Magister, obwohl er nachweislich nie eine Universität besucht hatte. Anderseits geriet er offenbar nie mit der Kirche in Konflikt.

UND HÖLLENFAHRT – Aber mit deren Gegenspieler. Um 1540 treffen wir Faust der Überlieferung nach im Staufener Gasthof Löwen an. Den gab es schon seit 1407, und gerade erst 1536 war er sozusagen frisch renoviert worden, als Faust im Breisgau eintraf. Gerufen hatte ihn vermutlich der notorisch klamme Burgherr Anton von Staufen in der Hoffnung, der bekannte Alchemist könne die leere Kasse mit frisch herbeigewandeltem Gold füllen. Daraus wurde nichts. Wie die Zimmersche Chronik überliefert, starb Faust wohl kurz nach seiner Ankunft um 1539 oder wie es dieser Text von 1565 nennt: Er ist »vom bösen gaist umbgebracht worden«. Neben dem Zerreißen in Stücke – das von Historikern als möglicher Laborunfall gedeutet wurde – gibt es noch die Überlieferung, er sei erwürgt worden, mit dem blaugeschwollenen Kopf um 180° auf den Rücken gedreht, auch dies ein typisches Schicksal für jemanden, der sich mit dem Teufel einlässt. Als wahren Splatterhorror schildert die Historia von 1587 Fausts Tod: »... die Stuben voller Bluts gespruetzet/ Das Hirn klebte an der Wandt/ weil in der Teufel von einer Wandt zur andern geschlagen hatte./ Es lagen auch seine Augen vnd etliche Zaeen [Zähne] allda/ ein greulich vnd erschrecklich Spectackel. Da huben die Studenten an in zubeklagen vnd zubewynen/ vnd suchten in allenthalben/ Letzlich aber funden sie seinen Leib heraussen bey dem Mist ligen.« Der Gasthof zum

Am »Löwen« ist Fausts Ende aufgemalt.

↑ Im Rathausturm hinterließ der Teufel buchstäblich Spuren ...
↗ ... allerdings erst nach Fausts Tod.

Löwen existiert als eines der ältesten Gasthäuser Deutschlands noch immer. Heute wird Zimmer Nr. 5 als Fausts Unterkunft gezeigt – und vermietet. Mit historischen Möbeln ist die Stube ausgestattet, die zwar einige Umbauten hinter sich hat, aber gleichwohl dem Geneigten ein Faust-Gefühl vermittelt. Der Begleiter des berühmten Gastes hat auch andernorts in Staufen seine Spuren hinterlassen. Auf einer der Stufen im Rathausturm ist der Abdruck eines Teufelsfußes zu sehen, den dieser nach vollendeter Tat hinterlassen haben soll. Dass das Rathaus erst kurz nach Fausts Tod erbaut und die Steintreppe noch um einiges später eine Vorgängerin aus Holz ersetzte, muss man dabei ignorieren. Vor dem Ort in Richtung Bad Krozingen steht zudem das Johanniterkreuz, hier soll Fausts »Schwager«, der Teufel, das erste Mal auf Staufener Einwohner, einen Bauern und seinen Jungen, getroffen sein – in Form eines unheimlichen schwarzen Vogels. Die beiden trafen Faust und seinen Gast anschließend fröhlich beim Zechen im Löwen. Dann wurde es Nacht.

Unheimliche Begegnung der anderen Art

Das Knittlingen benachbarte Maulbronn (siehe 22) weist gleich mehrere Fauststätten auf: das Faustloch, die Faustküche und vor allem den Faustturm, in dem er einst abseits vom Klosterbetrieb seine Experimente durchgeführt haben soll. Der ebenfalls aus der Gegend – Unteröwisheim – stammende Abt Johann Entenfuß (1512–1518) soll ihn hier beherbergt haben, um durch Goldvermehrung seine teuren Bauvorhaben zu finanzieren. Ähnlich erfolglos wie später in Staufen. Dass Faust hier starb und sogar angeblich zwei noch lange sichtbare Blutflecken hinterließ, ist allerdings ebenso erfunden wie seine Aufenthalte in Maulbronn unbewiesen.

DIE TOILETTE DES TEUFELS

31

DIE GEISTER, DIE WIR RIEFEN

Spiritismus in Todtnauberg

Im Jahr 1856 breitete sich in Baden eine gefährliche Seuche aus. So sah es zumindest die Regierung. Denn immer mehr Menschen suchten Kontakt – mit dem Jenseits.

Todtnauberg (Stadt Todtnau), Landkreis Lörrach (LÖ) **Ort** Kurhausstr. 4, 79674 Todtnau **GPS** 47.850366, 7.939932 **Anfahrt** Bahnhof Kirchzarten (S-Bahn Breisach–Kirchzarten, RE Donaueschingen–Freiburg) A98, Ausfahrt Lörrach-Mitte

Die Glocke blieb von der alten Kirche übrig.

Eingeschneit in langen Winternächten kommt man auf allerlei seltsame Gedanken.

EIN BRANDBRIEF – Ende Mai 1856 wurde es dem badischen Innenministerium mit Sitz in Karlsruhe endgültig zu bunt: Ein Schreiben ging an alle katholischen und evangelischen Geistlichen des Landes, sich eindeutig gegen das grassierende Unwesen des Spiritismus zu positionieren und mit geeigneten Maßnahmen dagegen vorzugehen. Dem Klischee nach ist der damals noch junge Spiritismus eher ein städtisches Phänomen; der Versuch auf verschiedenerlei Art Kontakt mit Verstorbenen aufzunehmen, wird gewöhnlich höheren, gebildeteren Schichten zugeschrieben: vermögenden Esoterikern, neugierigen Akademikern, gelangweilten Snobs mit Spleen, Künstlern auf der Suche nach außergewöhnlichen Erfahrungen, reichen trauernden Witwen. Gemeinsam sitzt man in verschworener Runde am Salontisch, berührt sich an den Händen und nimmt entweder mit Hilfe eines Mediums oder anderer Mittel, etwa dem Tischrücken oder dem Quija-Brett, Kontakt mit dem Jenseits auf. Als Antworten von dort tauchen berühmte oder verwandte Verstorbene auf, manchmal persönlich, manchmal nur als Stimme durch das Medium, durch eine schriftliche Botschaft oder durch eine Manifestation, so waren eine Zeitlang komplette Hände en vogue, die sich aus einer merkwürdigen Substanz, dem Ektoplasma, vor den Augen der Teilnehmer formten. An sich könnte man dies als harmlose Exzentrik hinter verschlossenen Türen abhaken, die den Staat nichts anginge. Doch das Karlsruher Ministerium hatte durchaus gute Gründe, den gesellschaftlichen Frieden durch die Aktivitäten seiner Bürger gefährdet zu sehen. Handelte es sich doch eben keineswegs um kleine elitäre Zirkel, die einem seltsamen Hobby frönten. In Todtnauberg hoch oben im Schwarzwald, einem der frühen Zentren des Phänomens, wäre der Brief aus Karlsruhe allerdings ohnehin nicht nur zu spät angekommen, er hätte sich dort ausgerechnet an den sprichwörtlichen Bock gerichtet, den man bekanntlich nicht zum Gärtner machen soll. Denn die federführende Gestalt des Spiritismus im Ort war niemand anderes als der katholische Geistliche.

DIE TOTE VERWANDTSCHAFT – Todtnauberg entsprach außerdem so gar nicht dem oben geschilderten Bild von den dekadenten Städtern, die sich kuriosen esoterischen Modeströmungen hingeben. Das Dorf schien eher genau das Gegenteil zu verkörpern: eine Ansammlung von der Außenwelt so gut wie abgeschnittener Hinterwäldler irgendwo im Nichts dort oben am Rand des Feldbergs. Äußerlich schien das sogar zu stimmen. Einst als Bergbausiedlung im Mittelalter gegründet, hatte Todtnauberg eine wechselvolle Geschichte hinter sich, mit nicht selten schwierigen Phasen, als nur noch wenige Einwohner beschwerlich von der mühsamen Landwirtschaft ihr Dasein fristeten. Einsam und kalt war es oft dort oben, erst 1845, wenige Jahre vor den hier berichteten Ereignissen, wurden die bisherigen Feldwege durch eine ordentliche Straße abgelöst, die – bis heute – im Ort endet und nicht weiterführt. Allein ein Blick in die Statistik allerdings trübt schon das Bild vom rückständigen Bauerndorf: 1834 hatte Todtnauberg 955 Einwohner – gut 200 mehr als in der Gegenwart. 1848 gründete sich im Ort ein Volksverein, eine Versammlung demokratischer Republikaner, äußerst ungewöhnlich für ein Schwarzwalddorf. Der Grund: Nach vielen Jahren des Darbens hatten die Bewohner das Bürstenbindergewerbe für sich entdeckt. Dies führte nicht nur zu einem Boom, sondern zahlreiche Todtnauberger reisten fortan als Hausierer durch die Landschaften und sogar fremde Länder, kamen so in Kontakt mit modernen Strömungen und brachten sie mit nach Hause. Dazu gehörten die Demokratie – oder eben auch der Spiritismus. Und so tauchten das erste Mal im Februar 1856 Berichte darüber auf, die Todtnauer und Todtnauberger würden sich im Tischrücken üben. Während sich der städtische Pfarrer in Todtnau kritisch zeigte, war sein Kollege auf dem Berg ganz anderer Meinung. Pfarrverweser

Zu den Toten ihres Dorfes suchten viele Todtnauberger Kontakt.

Bernhard Warth, seit 1851 in Todtnauberg, war selbst ein glühender Verfechter der neuen Methoden. Er ging sogar noch weiter: Selbst in seine Predigten baute er den Nutzen der Kontaktaufnahme mit den Toten ein, rief also regelrecht dazu auf. Er sah darin ein gutes Mittel für mehr Frömmigkeit. Und die Botschaften der Verstorbenen, die sich den Todtnaubergern per Klopfzeichen mitteilten, schienen ihm durchaus recht zu geben. Nicht nur, dass sich aus dem Jenseits der ein oder andere seiner Vorgänger als Priester äußerte, auch die herbeigerufenen Seelen toter Verwandter riefen zu Demut, Buße und Spenden auf, zur Versöhnung oder zum Ausräumen von Streitigkeiten, mahnten zudem vor den Gefahren eines sündigen Lebens. Dagegen konnte doch auch die Bistumsleitung in Freiburg nichts einwenden, wie sich Warth gegen Kritik verteidigte.

ES GIBT ÄRGER – Die verhielt sich tatsächlich anfangs zurückhaltend, trotz starker Skepsis. Man ahnte wohl, dass es bei solch frommen Botschaften kaum bleiben würde. Tatsächlich eskalierte die Situation relativ schnell. Die Geister äußerten mehr und mehr kontroverse Aufträge, etwa zur Bereinigung von Schulden, oder gaben Einblick in die Zukunft einzelner Personen, sagten nicht selten den Tod voraus. Streit und Angst waren die Folge, vermehrte Spaltungen im Dorf. Dazu kam der unterschwellige Konflikt zwischen gläubigen Spiritisten und Skeptikern, die sich offenbar nur heimlich zu äußern trauten – was nicht verwunderte, wenn die wichtigste Autorität im Ort, der Pfarrer, auf der anderen Seite stand. Über diesen ging deshalb Anfang März anonym eine Beschwerde beim Erzbischof ein, der Pfarrer fördere durch seine Unterstützung »lebenslängliche Feindschaften« und schon die verführten Schulkinder würden »Geisterbriefe« schreiben – das Hauptmedium in Todtnauberg war schließlich ein zwölfjähriger Junge. Nun griff Freiburg durch: Allen Teilnehmern an spiritistischen Runden wurde die Exkommunikation angedroht, Pfarrer Warth ermahnt und unter besondere Beobachtung gestellt. Der Priester ruderte ganz schnell zurück: Er habe nur als Beobachter an Séancen teilgenommen, diese auch umgehend verboten. Die weltlichen Behörden, die noch drastischer einschritten, sahen das anders: Warth wurde wegen spiritistischer Propagandaarbeit zu einer Geldstrafe verurteilt, in Todtnau und Todtnauberg kontrollierten Gendarmen auf Streife die Einhaltung des Verbots okkulter Sitzungen. Der Spuk schien aus Sicht der weltlichen und kirchlichen Obrigkeit beendet. Da tauchten im April Nachrichten aus Dörfern am Kaiserstuhl auf. Dort war es zu Reibereien aufgrund von Botschaften aus dem Jenseits gekommen. Die vertrieben geglaubten Geister waren wieder da – und breiteten sich weiter aus.

Unheimliche Begegnung der anderen Art

Der Kreuzfelsen oder Schatzstein nahe der Todtnauberger Wasserfälle gab über Jahrhunderte Rätsel auf. Eingeritzt in den markanten Felsblock sind seltsame Zeichen: Striche, Dreiecke und Kreuze. Alter und Bedeutung ließen Raum für allerlei Spekulation, manche vermuteten kultische Hintergründe, doch die meisten waren überzeugt, hier seien verschleierte Angaben auf verborgene Schätze hinterlassen worden, was bis in die jüngste Vergangenheit zahlreiche Schatzsucher anzog. Ganz verkehrt lagen sie wohl nicht. Neueste Erkenntnisse deuten darauf hin, dass es sich um Hinweise der Bergleute um Todtnauberg handelte, die recht exakt ehemalige Stollen und Gruben anzeigen.

Die Geister brachten viel Ärger: erst untereinander, dann mit der Obrigkeit.

Auf dem Karlsberg bei Weikersheim stand früher der Galgen.

32

DER BETROGENE ALCHIMIST

Laboratorium im Schloss Weikersheim

Graf Wolfgang II. von Hohenlohe-Weikersheim hatte ein Hobby: Alchemie. Leider fand er nicht den Stein der Weisen, sondern saß einem Betrüger auf – mit langfristig tödlichen Folgen.

Weikersheim, Main-Tauber-Kreis (TBB) **Ort** Karlsberg 5, 97990 Weikersheim **GPS** 49.480811, 9.926555 **Anfahrt** Bahnhof Weikersheim (RB Königshofen – Crailsheim) A81, Ausfahrt Tauberbischofsheim; A7, Ausfahrt Uffenheim-Langensteinach

EIN BÖSES ENDE – Am 28. Juni 1598 kam es in Weikersheim zu einer Wirtshausstreiterei. Der Hofkanzleischreiber Michael Polhaimer besuchte am späten Vormittag mit einem Bekannten die »Sonne« auf ein Gläschen Wein, wobei er sich bei den Wirtsleuten nach der gestrigen Feier am Abend erkundigte, er habe von der Straße aus fröhlichen Lärm gehört und wer denn so dabei gewesen sei. Offenkundig aus Eifersuchtsgründen bezeichnete er daraufhin die Runde, an der er nicht teilhatte, als Hurentanz – der abfällige Ausdruck sprach sich herum, sowohl der Wirt als auch mehrere Gäste der Veranstaltung am Vorabend, darunter nicht wenige Handwerker und Künstler, die beim derzeitigen Neubau des Schlosses beschäftigt waren, fanden ihn nicht sonderlich lustig. Den gesamten Tag über schaukelte sich der Streit hoch, überall dort, wo Polhaimer auf Beteiligte traf. Mal versuchte er oder jemand anderes, etwas Ruhe in die doch eher banale Angelegenheit zu bringen, im Großen und Ganzen und unter dem Einfluss von nicht wenig Alkohol aber erhitzten sich die Gemüter immer mehr. Polhaimer und seine Hauptgegner, beim Schlossbau verdingte Kalkschneider, liefen irgendwann nur noch bewaffnet umher. Als die Kontrahenten am Abend erneut aufeinandertrafen, zogen sie ihre Rapiere – eine Art Degen – und gingen aufeinander los. Im Zorn und ziemlich angetrunken war nicht mit einem edlen Fechtduell zu rechnen. Im Gerangel stach einer der Kalkschneider, Gerhardt Schmidt, so heftig zu, dass »der Polheimer gleich gefallen, und hatte Gerhard die Flucht ergriffen«. Es war das bittere und tödliche Ende einer traurigen Entwicklung. Das galt speziell für diesen Tag als auch für das gesamte Leben des erst 31-jährigen Polhaimer. In Rage versetzt hatte ihn vor allem der bösartige Vorwurf seiner Gegner, er sei ein »Schelm«, also ein unehrlicher Kerl und Betrüger. Damit rührten sie an seine Ehre – und jüngste Vergangenheit.

DAS ALCHEMISTISCHE LABORATORIUM

– Wie war der Bayer Polhaimer überhaupt nach Weikersheim gekommen? Nach einer der vielen Erbteilungen des Hohenlohischen Besitzes fiel Weikersheim 1586 an Wolfgang II., der sich im Folgejahr dazu entschloss, in die alte Wasserburg vor Ort zu ziehen, die er notdürftig zur Residenz herrichten ließ. Es behagte ihm dort wenig, sodass er bald größere, geradezu verwegene Pläne in Angriff nahm: Ein Neubau im zeitgenössischen Renaissancestil sollte erfolgen, aber nicht nur das: Dieser sollte in kühner Geometrie ein geschlossenes, fast gleichschenkliges Dreieck bilden. Ob diese Idee möglicherweise nicht nur von der Geometrie, sondern auch von Wolfgangs liebster Nebenbeschäftigung, der Alchemie, inspiriert war, wissen wir nicht. Was wir wissen, ist, dass der Plan nicht aufging, wofür wohl finanzielle Schwierigkeiten, Wolfgangs Tod 1610, aber auch er selbst verantwortlich waren und sein eben genanntes Hobby. Denn 1602 veranlasste er den Bau eines Laboratoriums für seine Experimente, das sich im Nordosten der Anlage befand, im früheren Zwinger – dem Burggraben – womit die schöne Symmetrie zerstört wurde. Das Gebäude in fränkischer Renaissance mit

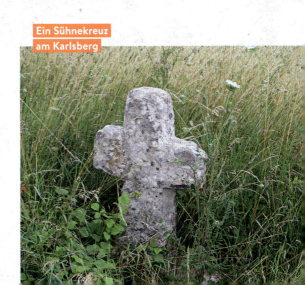

Ein Sühnekreuz am Karlsberg

geschwungenem Giebel und eigenem Treppenturm besaß zwei Stockwerke, unten ein großes Gewölbe zur Lagerung, oben zwei Räume, einer davon das eigentliche Labor. Der Zugang erfolgte direkt in das obere Stockwerk vom benachbarten Beamtenbau aus. Wolfgangs Hauptinteresse an der Alchemie war die Umwandlung der Metalle, also ein eher praktischer Zweck, typisch für adlige Adepten. Das Mystisch-Esoterische mit seinem ganz eigentümlichen Weltbild war wohl eher nur akzeptiertes Beiwerk – anrüchig war es allerdings keineswegs, galt die Alchemie damals doch durchaus als gelehrte Wissenschaft. Wolfgang sammelte eifrig entsprechende Bücher und Schriften für seine Bibliothek und korrespondierte mit zahlreichen Gleichgesinnten über Rezepte. In seinem Labor arbeitete er nicht allein, es gab spezielle Assistenten für seine Experimente. Wie erfolgreich er war, sei dahingestellt, sein Nachfolger Georg Friedrich teilte jedenfalls seine Begeisterung nicht, das Laboratorium stand bald leer, 1709 ließ Carl Ludwig von Hohenlohe das Haus im Burggraben abreißen. Zu sehen sind deshalb heute nur noch der Gewölbeansatz des unteren Stockwerks und der auf Fenstergröße reduzierte vermauerte Zugang vom Schloss.

DIE AFFÄRE POLHAIMER – Im Frühjahr 1595 hatte Wolfgang einen Tipp von einem Bekannten aus Augsburg erhalten: Ein anerkannter Alchemist sei auf der Durchreise nach Weikersheim, ob er sich nicht mit diesem unterhalten wolle. Natürlich wollte er. Und noch mehr: Er war von den Fähigkeiten des Mannes, Michael Polhaimer aus Braunau am Inn, so angetan, dass er ihn sogleich am Hof anstellen wollte und kurzerhand einen Vertrag mit ihm abschloss. Polhaimer solle Quecksilber in echtes Silber verwandeln, dafür nach vollbrachter Tat 600 Gulden erhalten. Der Gast erbat sich eine Vorauszahlung von 116 Gulden, da er in München noch Schulden zu begleichen habe, was Wolfgang auch gewährte. Doch als er der Einfachheit halber seinen Silberboten mit dem Geld nach Bayern schicken wollte, geriet Polhaimer in Panik. Er füllte das Behältnis des Silberboten mit Steinchen und machte sich noch in der Nacht des 9. Juni 1595 nach Würzburg auf und davon, schrieb am nächsten Tag von dort auch noch einen frechen Brief an den Grafen. Der wusste damit zwar, wo er nach dem Betrüger zu suchen hatte, aber trotz schneller Reaktion und Ausdehnung der Fahndung durch Suchtrupps und Steckbriefe war die ersten Wochen keine Spur von dem Flüchtigen auszumachen. Dann kam Nachricht aus Nürnberg: Polhaimer war dort festgenommen worden. Wolfgang schickte einen kleinen Trupp in die Reichsstadt, die den vermeintlichen Alchemisten auslieferte. Zurück in Weikers-

Schloss Weikersheim, Idee eines Alchemieliebhabers

Der Galgen blieb Polhaimer erspart, der Karlsberg wurde später Lustschloss.

heim, schmorte Polhaimer in Erwartung seines Prozesses erst einmal im Schlosskerker. Der Zorn des Grafen besänftigte sich etwas, er verurteilte Polhaimer nicht zum Tode, wollte ihn aber umgekehrt auch nicht aus dem Gefängnis entlassen, bis er seine Schulden komplett bezahlt hatte. Da ihm dies nicht möglich war, saß der Gefangene gut zwei Jahre ein, bevor Wolfgang ihn unter strengen Auflagen als Schreiber in seiner Kanzlei – und nicht im Labor – einstellte, um seine Schuld abzuarbeiten. Polhaimer hatte nämlich durchaus eine gute Ausbildung genossen, aber ausgerechnet für die Alchemie taugte er nichts. Wie sich herausstellte, waren seine Kenntnisse der Materie bestenfalls oberflächlich. Polhaimers Gegner trafen ihn also ins Mark, wenn sie ihn als Schelm bezeichneten und so die Erinnerung an seine Vergehen wachhielten. Doch Wolfgang blieb ein gnädiger Gerichtsherr: Polhaimers Mörder Schmidt landete nicht am Galgen, er wurde zur kostenlosen Arbeit in der neuen Schlosskirche verurteilt – auf zwölf Jahre. Seine Kunstwerke können dort noch immer bestaunt werden.

Unheimliche Begegnung der anderen Art

Wolfgang tauschte sich eifrig mit adligen Kollegen aus, die sich ebenfalls der Alchemie verschrieben hatten. Einer hiervon war Herzog Friedrich I. von Württemberg (1557–1608), der allerdings ganz andere Ressourcen zur Verfügung hatte. Er besaß nicht nur gleich mehrere Labore, sondern unzählige Assistenten und gab Zehntausende für Material und Gerätschaften aus. Dies lockte nicht wenige Experten an seinen Hof. Doch die Arbeit für Friedrich war mehr als gefährlich: Von den zehn hauptberuflichen Alchemisten, die er im Laufe der Jahre angestellt hatte, überlebten nur fünf ihren Dienst: Die anderen ließ der Herzog als Betrüger hinrichten.

33

KERNERS UNHEIMLICHE GÄSTE

Der Geisterturm in Weinsberg

Justinus Kerner war Arzt, Dichter der schwäbischen Romantik und vielseitig interessiert. Sein besonderes Engagement galt dem Übersinnlichen, glaubte er doch sogar, Besessene heilen zu können.

Weinsberg, Landkreis Heilbronn (HN) **Ort** Beim Geisterturm 10, 74818 Weinsberg **GPS** 49.152414, 9.288242 **Anfahrt** Bahnhof Weinsberg (S-Bahn Heilbronn–Öhringen, RE Heilbronn–Crailsheim) A81, Ausfahrt Weinsberg

Kerner wünschte sich den Ausblick auf die Ruine Weibertreu.

DER ÜBERSINNLICHE ARZT – 1836 war ein produktives Jahr für Justinus Kerner, zumindest was seine gedruckten Veröffentlichungen anging. Allerdings handelte es sich bei den in diesem Jahr von dem – neben Ludwig Uhland und Gustav Schwab – führenden Vertreter der schwäbischen Romantik erschienenen Werken nicht um beschauliche Lyrik, die vier Texte trugen die Titel »Die Geschichte des Thomas Ignaz Martin, Landmanns zu Gallardon, über Frankreich und dessen Zukunft, im Jahre 1816 geschaut.«, »Eine Erscheinung zu dem Nachtgebiete der Natur, durch eine Reihe von Zeugen gerichtlich bestätigt und den Naturforschern zum Bedenken mitgetheilt«, »Nachricht von dem Vorkommen des Besessenseyns eines dämonisch-magnetischen Leidens« sowie »Briefe über die Geschichten Besessener neuerer Zeit«. Der rote Faden dieser Bücher ist klar erkennbar, es waren Sachtexte, aber die Themen waren wenig rational, was womöglich für einen Dichter, schon gar nicht einen der Romantik, weniger überrascht, aber vielleicht doch für einen Arzt, einen amtlich bestellten Mediziner in einer Kleinstadt. Denn Justinus Kerner praktizierte seit 1819 in Weinsberg, nach einer längeren Odyssee durch verschiedene Städte und Dörfer des Königreiches Württemberg. In ihm manifestierte sich geradezu perfekt der Übergang von einer halbesoterischen zur naturwissenschaftlichen Medizin. Kaum in Weinsberg angekommen, startete der damals Anfang 30-Jährige eine grundlegende Studie über die Lebensmittelvergiftung durch Würste, eine Arbeit, die Aufsehen erregte und bis heute Anerkennung findet. Dies hinderte Kerner jedoch nicht, zugleich auch das Magnetisieren, eine auf die Theorien Franz Anton Mesmers zurückgehende Heilmethode, für vollgültige Wissenschaft zu halten. Damit war er zwar keineswegs allein, andere hielten den Glauben an den animalischen Magnetismus dagegen für kompletten Humbug. Kerner war fest davon überzeugt, hiermit große Erfolge erzielt zu haben, er blieb sein ganzes Leben lang ein großer Verehrer Mesmers und schrieb im Alter eine Biographie über den Meister vom Bodensee (siehe auch 17).

IM GEISTERTURM – Justinus Kerner war berühmt – und beliebt – als Gastgeber. Nach vier Jahren zur Miete und viel Ärger mit der Hausbesitzerin konnte er die Stadtoberen überzeugen, ihm ein Grundstück nahe der Burgruine Weibertreu zu überlassen. Dort errichtete er ein Häuschen, das nicht nur seine Praxis enthielt, sondern auch bald zum Treffpunkt und zur Durchgangsstation auf

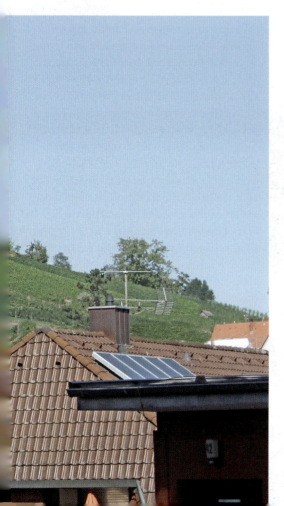

Ein Türmchen hatte auch Kerners Villa.

schätzter Ehefrau, enthielt er auch ein recht karg ausgestattetes Turmzimmer – wo beispielsweise der Dichter Nikolaus Lenau seinen »Faust« verfasste. Den Weinsbergern schien jedoch das Treiben ihres Arztes nicht in allem geheuer, weshalb das Gebäude mit seinen gotischen Fenstern bald den volkstümlichen Name Geisterturm erhielt – der sich allgemein durchsetzte. Grund dafür dürfte vor allem Kerners Engagement auf den eher abseitigen Gebieten der Wissenschaft gewesen sein.

UNHEIMLICHE GÄSTE – Neben den intellektuellen Freunden waren im Hause Kerner über lange Zeiträume immer wieder auch Patientinnen zu Gast. Als der junge Theobald Kerner, frisch und enthusiastisch vom ersten Semester Medizinstudium in Tübingen, auf Ferien ins elterliche Haus zu Besuch kam, wurde ihm mitgeteilt, dass einmal mehr solch eine von Kerner intensiv betreute Frau derzeit ein Zimmer belegte. An sich überraschte ihn das nicht, an der Frau war zudem nichts sonderlich Auffälliges – eine verhärmte Bäuerin um die vierzig aus der Gegend –, als er ihr das erste Mal im Haus begegnete, sieht man davon ab, dass sie die Treppen rückwärts herunterkam! Justinus Kerner hatte bei ihr dämonische Besessenheit diagnostiziert, ein Urteil, das sein Sohn, obwohl beispielsweise selbst überzeugter Anhänger des Mesmerismus, dann doch etwas mittelalterlich und gelinde gesagt sehr weit hergeholt ansah. Doch während seines Aufenthalts belehrte er sich selbst eines Besseren, als er die scheinbar harmlose Patientin in eine Furie verwandelt sah, »bald kamen aus dem Innern der Frau schreckliche Flüche, Drohungen, Verwünschungen, Blasen, Hohngelächter, das Gesicht war scheußlich verzerrt, der Körper beschrieb einen steifen Bogen, nur mit Kopf und Fersen den Boden berührend, wurde wie ein Sack herumgewor-

Reisen für seine vielen Freunde wurde, neben den Dichtern der schwäbischen Romantik kamen viele weitere Schriftsteller und Philosophen vorbei, allein oder im Bündel, zur Stippvisite oder zum längeren Aufenthalt. Hinzukamen bald viele Neugierige, berühmte und unbekannte, doch dazu gleich mehr. Kerner jedenfalls, der jeden Gast freundlich aufnahm, expandierte bald. Es wurde ein sogenanntes Schweizerhaus angebaut, 1824 erwarb der Arzt den Diebsturm nebenan, ein Rest der Stadtmauer, der, wie schon der Name verrät, früher zur Aufbewahrung Gefangener gedient hatte. Vier Jahre später griff er noch einmal zu, kaufte ein benachbartes Gartengrundstück, auf dem sich ebenfalls bereits ein Gebäude befand. Dem Vernehmen nach handelte es sich dabei um das Totenhäuschen eines aufgelassenen Friedhofs – nun wurde es nach dem befreundeten Dichter Alexander von Württemberg Alexanderhäuschen genannt. Obwohl der alte Stadtturm eigentlich eher profanen Zwecken im Haushalt diente, etwa als Waschküche von Rickele, Kerners allseits ge-

↑ Kerner wurde ein Denkmal gesetzt.

↗ Der Geisterturm im Garten der Villa.

fen«. Beide Kerners beteiligten sich an einer Art mesmerischem Exorzismus, der die Bäuerin ihrer Ansicht nach heilte. Die meisten Kranken, die der Arzt bei sich unterbrachte, waren harmloser, aber nicht minder umstritten – und sie lockten allerlei Neugierige an. Die berühmteste war natürlich Friederike Hauffe, die in Kürnbach wohnte und seit ihrem 24. Lebensjahr an unerklärlichen Anfällen litt, während denen sie zunehmend Visionen erfuhr. Kerner nahm sich des Falls an und machte ihn durch seinen Bericht »Die Seherin von Prevorst« – benannt nach ihrem Geburtsort – berühmt. Das Buch wurde ein Bestseller und Kerner fortan zum Experten auf dem Gebiet solcher Frauen, die vor allem prophetische Gaben zu besitzen schienen. Immer wieder machte er neue Fälle in der Region ausfindig, sammelte zugleich in Magazinen wie den »Blättern aus Prevorst« und »Magikon«, für die er eifrige Zuträger hatte, und in Büchern wie den zu Beginn genannten weitere Geschehnisse ähnlicher Natur. In gewisser Weise war Kerner selbst wie seine Forschungsobjekte: Einerseits geradezu besessen von diesem Thema – sehr zum Befremden mancher Freunde –, andererseits besaß er ebenfalls zwei Naturen: hier der nüchterne Arzt und joviale Menschenfreund, dort der verschrobene Esoteriker und von der Zeit überholte Dämonengläubige.

Erholung vom Grusel

Der Geisterturm ist heute Teil des Museumskomplexes Justinus-Kerner-Haus, zu dem als Drittes neben dem Hauptbau das Alexanderhäuschen gehört. Dementsprechend ist es möglich, wenn auch nicht gerade dort zu übernachten, so doch immerhin diesen berühmt-berüchtigten Ort persönlich aufzusuchen. Das Museum bereitet Kerners Wirken am authentischen Ort, aber auch viele weitere Aspekte aus seinem Leben auf, darunter von ihm selbst Gesammeltes wie etwa Gegenstände aus dem Besitz Franz Anton Mesmers. Öffnungszeiten des Museums: jeweils Freitag bis Sonntag (außer 1. Sonntag im Monat) von 14–17 Uhr.

Die Reiterleskapelle, ein hübsches Wanderziel. Aber ist es dort auch geheuer?

34

ER IST WIEDER DA

Winzingen bei Donzdorf

Zu früh gefreut hatten sich die Winzinger, als ihr tyrannischer Dorfherr 1621 plötzlich verstarb. Schneller als gedacht kehrte er zurück: als Gespenst, das nichts von seiner Bösartigkeit zu Lebzeiten eingebüßt hatte.

Winzingen, Landkreis Göppingen (GP)
Ort Gmünder Str. 1A, 73072 Winzingen-Donzdorf **GPS** 48.710923, 9.821592
Anfahrt Bahnhof Süßen (RE Stuttgart – Ulm – Lindau) A7, Ausfahrt Heidenheim (weiter auf B466)

EIN FATALER KAUF – In einem Schreiben ärgerte sich Joachim Berthold von Roth, dass er »in dieses Teufelshaus Winzingen kommen« ist. Das beruhte auf Gegenseitigkeit. Von Roths unglückselige Erwerbung des Ortes zeitigte für alle Beteiligten böse Folgen. Für den ehemaligen Hauptmann, der sich in den Schlachten gegen die Türken bewährt hatte und der sich, inzwischen rund um die sechzig Jahre alt, kränkelnd und von Narben übersät, einen ruhigen Lebensabend auf einem eigenen Gut versprochen hatte, endete der Ruhestand in ständigen Streitereien und einem Kleinkrieg gegen seine so gar nicht untertänigen Untertanen. Schließlich wurde ihm nicht einmal friedliche Grabesruhe gegönnt. Die Vorgeschichte: Winzingen war lange im Besitz der in der Region mächtigen Herren von Rechberg, durch Heirat wurden 1603 allerdings die von Neuhausen Eigentümer der kleinen Herrschaft. Doch litt Philipp von Neuhausen unter hohen Schulden, weshalb er den Ort 1607 zu verkaufen suchte. Mit dem Hauptmann in württembergischen Diensten Joachim Berthold von Roth fand sich bald ein möglicher Interessent – er war in den Kriegszügen zu einigem Vermögen gekommen und erstand die Herrschaft aus Gefälligkeit gegenüber den mit ihm verwandten Neuhausen. Hierüber wurden bald alle unglücklich. Von Neuhausen reute der Handel umgehend, zwar hatte er sich ein Wiederkaufsrecht vertraglich zugesichert, dies galt aber erst nach Roths Ableben – Philipp aber hatte inzwischen ein besseres Angebot für Winzingen erhalten, hätte gerne alles rückgängig gemacht. Roth wollte jedoch nicht. Vorprogrammiert war auch Zoff mit den Rechbergern. Denen gehörte sämtliches Land ringsum, sofort begannen jahrelange Streitereien um Grenzverläufe, Wegerechte und alte Gewohnheiten. An einen erholsamen Ruhestand war für von Roth nicht zu denken.

DIE LEGENDE – Der späteren Überlieferung nach entpuppte sich der altgediente Militär von Roth recht schnell als Mann ganz eigenen Charakters. Gewohnt zu befehlen und keinen Widerspruch zu dulden, zog er in der kleinen Ritterschaft bald ein despotisches Regiment auf. Die alte Burg gefiel ihm nicht, ab 1610 wurde ein neues Schloss errichtet, dessen Baumeister von Roth – so eine nicht urkundlich belegte Behauptung – kurzerhand erstach. Das auf ihn zurückgehende Schloss, noch immer erhalten, ist jedenfalls ein durch seine Größe am Ortsrand auffallender, aber sonst eher schlichter Bau. In Winzingen herrschten unter dem Hauptmann Willkür und Rechtlosigkeit, was die Untertanen erstaunlich lange, aber auch aufgrund fehlender Möglichkeiten des Aufbegehrens ertrugen. Einzig von kirchlicher Seite kam öffentliche Kritik, was von Roth dazu bewog, urplötzlich einen Konfessionswechsel anzuordnen. Im Jahr 1620 erließ er den Befehl, die lutherische Religion einzuführen, das war in jener Zeit – *cuius regio, eius religio* – tatsächlich sein verbrieftes Recht. Noch dazu holte er sich die Unterstützung des Herzogs von Württemberg, dem er Winzingen zu Lehen auftrug. Die katholischen Winzinger aber machten den Wechsel nicht mit und hatten endgültig genug: Sie vertrieben den Hauptmann. Der war nur kurz abwesend. Er floh an den Hof seines einstigen Dienstherrn, des Herzogs von Württemberg, und kam von dort mit 500 Soldaten zurück. Das evangelische Bekenntnis wurde per Zwang eingeführt, wer sich weigerte, musste den Ort verlassen. Der erste protestantische Pfarrer, den von Roth bestellte, versuchte es mit Güte, nicht unbedingt das Konzept seines Herrn, weshalb der Priester den Ort nach sieben Monaten wieder verließ. Ein neuer Pfarrer musste her, auch er kein Scharfmacher, seiner Entlassung kam aber der Tod von Roths zuvor. 1621 war seine

Schreckensherrschaft beendet – dachte man. Doch schon die Beerdigung des verstorbenen Tyrannen deutete an, dass es mit seinem Terror noch lange kein Ende haben würde. Statt tot im Sarg zu liegen, sah er plötzlich unerwartet oben aus einem Schlossfenster und rief den Winzingern einen Spruch zu, den sie in der Folge noch des Öfteren zu hören bekommen würden: »Habt ihr mich schon, oder wollt ihr mich erst! Hui, dä, dä!« Dann setzte er sich, verwandelt in ein kleines grünes Männlein, auf den Sarg, der sich deshalb nicht mehr forttragen ließ – erst nachdem er gut katholisch mit Weihwasser besprizt worden war. Verschwunden war Roth damit nicht: Er ging in den Wäldern umher und zerbrach dort knisternd und krachend die Äste, was ihm den Beinamen Holzbrockeler eintrug. In der – auf seine Veranlassung hin – einst erbauten Kirche rumorte er schreiend und den Mesner quälend, am ärgsten aber trieb er es in seiner alten Behausung, dem Schloss. Kaum jemand wollte darin noch wohnen oder arbeiten, musste man doch ständig damit rechnen, von unsichtbarer Hand geschlagen oder gezwickt zu werden, geschubst oder mit Füßen getreten.

ALLES VERLEUMDUNG? – Irgendwann hatten die neuen Schlossherren genug und ließen Schweizer Kapuziner herbeirufen, die den Störenfried nach schwerem Kampf in einen Baum bannten, der hundert Jahre später vom Blitz getroffen wurde. Bekannt ist auch die Geschichte, dass der Holzbrockeler kurz nach seinem Tod auf den Bauern Reuteler traf, einen seiner wenigen Freunde. Dieser gab sich äußerlich gelassen und grüßte freundlich – was sicher nicht leichtfiel, saß von Roth doch auf einem kopflosen Pferd umringt von zahlreichen schwarzen Hunden. Roth verschonte ihn mit den Worten, würde er ihn nicht kennen, hätte er ihn in Stücke zerrissen. Bauer Reuteler erbaute daraufhin für das Seelenheil seines Freundes die Reiterleskapelle. Das schlichte Gotteshaus, geschmückt mit einem Fähnchen, das angeblich von Roth als Reiter zeigen soll, wurde allerdings erst 1714 erbaut und wohl nach den Stiftern, den Reutelers, benannt. Neuere Untersuchungen belegen, dass von Roth bis zu seinem Konfessionswechsel, der auf einen Streit mit dem Pfarrer zurückging, der sich wenig vorbildlich betrug, mit seinen Untertanen gut klarkam, die sich allerdings nach seiner Exkommunikation durch den Konstanzer Bischof – die jeglichen Umgang mit ihm unter Strafe stellte – bald viele Rechte herausnahmen, ihm Dienste versagten und oft in Streik traten. Von Roth, alt und kränklich, wirkte oft reichlich hilflos, die von ihm herbeigerufene Waffengewalt war zwiespäl-

Der Schlosspark ist heute etwas verwunschen.

Aus welchem Fenster seines Schlosses schaut der Holzbrockeler gleich heraus?

tig: Die fremden Soldaten verwüsteten mehr seinen Besitz, als dass sie für Ruhe sorgten. Die Winzinger tappten später jedoch in eine vom württembergischen Herzog gestellte Falle und mussten schließlich nachgeben. Mit dem plötzlichen Tod des Hauptmanns im Februar 1621 und der Rückkehr der von Neuhausen, die den Ort an die Herren von Bubenhofen weiterreichten, hätten endlich ruhige Zeiten anbrechen können, da diese auch wieder den Katholizismus einführten. Weit gefehlt: Es war der Herzog von Württemberg, der mit den aus der Sage bekannten 500 Mann anrückte. Genau genommen kam ihm die Rolle des Bösewichts zu: Für ganze sieben Jahre besetzte er widerrechtlich den Ort. Vielleicht wünschte sich mancher Winzinger in diesen Tagen den Hauptmann von Roth zurück. Aber der irrte ja als Holzbrockeler durch die Wälder.

Das Gespenst nebenan

Aus dem Umfeld von Roths gingen noch drei weitere Spukgestalten hervor, die Winzingen und Umgebung unsicher machen. Schön Dorle, einst durch den Hauptmann bedrängt, dann seine Geliebte, erwies sich bald als extrem bösartig – auch ihm gegenüber – und treibt als verführerische junge Dame im Schlossgarten ihr Unwesen. Als gealterte Version wird sie zum Rambrechtweible, das Erwachsene in die Irre führt und Kindern im Wald hübsche Beeren anbietet, die allerdings scheußlich schmecken. Die kurioseste Figur aber ist der Suhlochse, einst durch von Roth zu Tode geschunden, der nun am Weg nach Reichenbach als mächtiger schwarzer Stier spukt. Anders als die menschlichen Untoten ist er zwar schrecklich anzuschauen, aber harmlos.

35

STIGMA

Viktoria Hecht aus Wolpertswende

Die aus einfachen Verhältnissen stammende Viktoria Hecht wird in der zweiten Hälfte des 19. Jahrhunderts zum Pilgerziel zahlreicher frommer Katholiken: Seit Jahren nach Unfällen bettlägerig, hat sie nicht nur Visionen empfangen, sondern auch die Wundmale Christi.

Wolpertswende, Landkreis Ravensburg (RV)
Ort Viktoria-Hecht-Weg, 88284 Wolpertswende **GPS** 47.892667, 9.614656
Anfahrt Bahnhof Mochenwangen (RB Friedrichshafen–Aulendorf)
A96, Ausfahrt Leutkirch-Süd oder Kißlegg

In der Klause an der Gangolfkapelle wohnte Viktoria Hecht.

EIN BÖSER STREIT – Am 28. September 1892 traf in Rottenburg, dem Sitz des für Oberschwaben zuständigen katholischen Bistums, eine ungewöhnliche Beschwerde bei der kirchlichen Obrigkeit ein, ein Brief über den Pfarrer des Dörfchens Wolpertswende, Dekan Lorenz Strobel. Mögen Beschuldigungen, bei dem Geistlichen handele es sich um einen Griesgram, der mit niemandem auskomme, noch um typische Belege für unzufriedene Gemeindeangehörige gehören, so war die unverhohlene Drohung, sollte der Pfarrer nicht abberufen werden, so komme es zu einem »schwersten Attentat«, doch reichlich ungewöhnlich – und ein Fall für die Justizbehörden. Deren Nachforschungen waren erfolgreich: Verfasser war ein Tagelöhner aus Ulm, der Auftrag zum Schreiben des Drohbriefes stammte jedoch von einem Bauern aus Wolpertswende, der ihm zugleich bereits ein Gewehr verschafft hatte. Hinter der unglückseligen Aktion aber stand Anna Hecht, Schwester der berühmtesten Wolpertswenderin, Viktoria Hecht. Das unwürdige Nachspiel einer langen Geschichte endete mit mehreren Gefängnisstrafen für die am Drohbrief Beteiligten. Der bizarre Streit hatte sich um die Monumentalität der Grabstätte der Viktoria entzündet, die an sich einen äußerst prominenten Platz nahe dem Haupteingang der Pfarrkirche in direkter Nachbarschaft der Priestergräber erhalten hatte, doch ging es nun um die genaue Lage und Größe der Gedenkstätte und um das dort anzubringende Monument. Dekan Strobel, der noch 1890 eine weitbeachtete und in Druck gegangene Predigt zur Beerdigung der Viktoria Hecht gehalten hatte, ging nach den unschönen Ereignissen eher auf Distanz zu den Geschehnissen, die seine Pfarrei weit über Oberschwaben hinaus bekannt gemacht hatten.

EINE LEIDENSGESCHICHTE – 1840 war Viktoria Hecht in Haller, einem kleinen Einzel nordwestlich von Wolpertswende, geboren worden, sie war eines von acht überlebenden Kindern einer bescheidenen Bauernfamilie. Ihr Werdegang war an sich unspektakulär, sie galt als sehr fromm und fleißig und trat früh, nach Abschluss der Schule mit 14 Jahren, als Magd in die Dienste benachbarter Landwirte. Doch binnen kurzer Zeit wurde sie Opfer zweier Unfälle, mit 17 stürzte sie von einem Heuboden, im Jahr darauf von einem Wagen, wobei sie jeweils schwere Verletzungen davontrug, die sie schließlich arbeitsunfähig machten. Sie kehrte zu ihren Eltern zurück und war fortan die meiste Zeit an das Bett gefesselt.

Die junge Frau verfiel nicht in Verzweiflung, sondern vertiefte ihre Frömmigkeit, die bald außergewöhnliche Formen annahm. Viktoria aß und schlief kaum noch, lag oft stundenlang wie tot da, erhielt Kenntnisse zukünftiger Ereignisse und wurde zugleich von Schmerzen und Versuchungen geplagt, die sie auf den Einfluss böser Mächte zurückführte. Vorläufiger Höhepunkt dieser Vorkommnisse war ab 1869 das Auftreten der Wundmale Christi, der Stigmata, an ihren Händen und Füßen, unter der Brust – die Seitenwunde Jesu, die ihm am Kreuz zugefügt wurde – und Abdrücke der Dornenkrone auf der Stirn. Während Viktoria an sich meist zu schwach war, um sich auch nur aus dem Bett zu erheben, oder sie apathisch in sogenannter Ekstase lag, so geschah es an bestimmten Tagen, oft kirchlichen Festen, dass sie plötzlich im Gottesdienst auftauchte oder sich auf eine Fahrt ins Kloster Reute zur Guten Beth begeben konnte. Nachdem die Eltern den Bauernhof in Haller verlassen mussten, zogen sie mit ihrer Tochter in das frühere Eremitenhaus in Wolpertswende, das direkt an die Gangolfskapelle, eine kleine barocke Brunnenwallfahrtsstätte, angebaut ist. Die neuen Pilger kamen aber nicht mehr wegen Sankt Gangolf, sondern um Viktoria zu sehen, sie zu befragen oder um ihre Hilfe zu bitten. Naturgemäß wurde sie bald weithin bekannt – oder berüchtigt, je nach Einstellung. Denn was sollte man von den ungewöhnlichen Phänomenen um Viktoria Hecht halten?

GOTT, DER TEUFEL UND DIE WISSENSCHAFT – Diese Frage mussten sich natürlich vor allem die kirchlichen Behörden stellen. Deren Vertreter vor Ort war Pfarrer Josef Mühlebach. Er schien von den Ereignissen um Viktoria Hecht zugleich fasziniert, ohne jedoch gänzlich seine Skepsis zu verlieren. Insgesamt unterstützte er Viktoria und die Familie, schützte sie auch vor zu viel Zudringlichkeit, im Laufe der Zeit war er wohl auch von der Echtheit der Phänomene überzeugt, wenn er auch manchmal vor Übertreibungen warnte. Er diente als Beichtvater Viktoria Hechts, besuchte sie häufig und brachte ihr regelmäßig die Kommunion, vermeintlich über lange Zeit ihre einzige Nahrung. Zugleich befolgte er jedoch stets die Anordnungen seiner deutlich zurückhaltenderen Oberen, die in einer Zeit, da die katholische Kirche durch den Kulturkampf ohnehin vielen Angriffen ausgesetzt war, ihren Gegnern nicht zusätzliche Munition gegen vermeintlichen Aberglauben und Rückständigkeit liefern wollte. Klangen die Geschichten um Viktoria Hecht nicht zu sehr nach finsterem Mittelalter? Fünf Jahre lang trug sie die Wundmale Christi, besonders zu dieser Zeit wurde sie jedoch auch von bizarren Versuchungen geplagt, »über hundert Mal aus dem Bett auf den Boden geworfen, einige Male sogar mit dem Kopf auf die Kante des Schrankes«, von unsichtbarer Hand geschlagen, Gegenstände flogen durchs Zimmer. Mehrere Exorzismen wurden an ihr vollzogen. Umgekehrt stellten sich ihre Vorhersagen über Ereignisse, die erst in Zukunft oder in weiter Ferne ereigneten, angeblich stets als präzise heraus. War es eine Glaubenssache, wie man sich zu Viktoria Hecht verhielt? Es gab durchaus skeptische Priester und – wir sind schließlich im 19. Jahrhundert – die Überprüfung durch Wissenschaftler und Ärzte. Das Ergebnis blieb unklar. Die Mediziner, die sie untersuchten, fanden keine offensichtlichen Anzeichen von Betrug, mochten sich aber auch nicht auf eine übernatürliche Erklärung einlassen. Ihre Haltung war ähnlich ambivalent wie die der Kirche, kein richtiges Ja, kein richtiges Nein. Viktoria Hecht blieb als »Dulderin«, die schließlich mit fünfzig Jahren starb, bei der Bevölkerung beliebt und in

↑ Ein alter Stein ...
↗ ... und Balken an der Kapelle

Erinnerung, in der Pfarrkirche und der Gangolfskapelle zu Wolpertswende wird ihrer gedacht, das einst so heftig umkämpfte Grab auf dem Friedhof ist renoviert und gepflegt. In der Kirche existiert ein Deckengemälde mit den örtlichen Heiligen, die Gute Beth ist als Nonne dargestellt – sie trägt die Gesichtszüge der Viktoria Hecht.

Unheimliche Begegnung der anderen Art

Der mehrfach erwähnten Guten Beth fühlte sich Viktoria Hecht stark verbunden, auch wird gern auf gewisse Parallelen im Leben der beiden Frauen verwiesen. Geboren 1386 als Tochter eines Weberehepaares in (Bad) Waldsee schloss sich Elisabeth Achler, wie sie eigentlich hieß, früh mit anderen frommen Frauen zu einer Gemeinschaft zusammen, aus der 1406 das Frauenkloster Reute entstand. Dort führte sie ein zurückgezogenes, der Armut verpflichtetes Leben und verrichtete im Konvent nur einfache Dienste. Das Bild von ihr als Mystikerin und Stigmatisierte, die jahrelang ohne Nahrung lebte und Visionen hatte, geht auf eine Schrift ihres Beichtvaters und langjährigen Vertrauten Konrad Kügelin zurück, die er nach ihrem frühen 1420 Tod verfasste – heute ist jedoch umstritten, wie sehr er ihre Biographie ausschmückte. 1776 wurde Elisabeth Achler offiziell seliggesprochen, ihr Leichnam liegt gut sichtbar in einer ihr gewidmeten Kapelle des noch immer existierenden Klosters Reute.

Das Gasthaus des Baienfurter Waldbades sucht dringend heilende Hände (Kapitel 2).

Ein Besuch des Hohenkrähen ist ohnehin anstrengend, erst recht, wenn einen ein Gespenst plagt (Kapitel 5).

REGISTER

A
Aichstetten 14 ff.
Allensbach 106
Altenheim 126
Argenhardt 24
Argento, Dario 60 ff.
Augsburg 140

B
Backnang 76
Bad Krozingen 128, 131
Bad Wurzach 43
Baden-Baden 67, 69
Baienfurt 18, 20
Banyon, Suzy 59
Barockkirche St. Georg 122
Bender, Hans 63 ff., 112 ff.,
Beuron 71, 72
Biberach 22, 24, 116,
Blutsberg 17
Bombach 93
Braz 37
Bretten 129
Bühl 86, 112 ff.
Busert, Josef 16 f.

C
Cleversulzbach 26 ff.

D
Donzdorf 146
Dürrmenz 79
Düsseldorf 19 f.

E
Ehinger Tor 22, 24
Eigeltingen 34
Ellwangen 36, 38, 41
Emmingen ob Egg 42 f.
Endingen am Kaiserstuhl 44 ff.
Eppingen 50 ff.
Erbach 116, 119
Ettlingen 54, 56

F
Fairbanks, Douglas 68
Faust, Georg 128 ff., 144
Feldberg 134
Freiburg im Breisgau 9, 58 ff., 62f., 86 ff., 91, 132, 136
Freudenstadt 66 f., 69
Furtwanger 105

G
Gassner, Elisabetha 116 ff.,
Gaßner, Johann Josef 36 ff.
Gayer, Sara 78 ff.
Geisterhöhle Rechtenstein 120 f.
Geistermühle 34 f.
Glashütte 35
Großerlach 74 ff.
Großglattbach 78 ff.
Gruorn 82 ff.

H
Hammereisenbach 86 f.
Haus zum Walfisch 58 ff.
Hecht, Viktoria 150 ff.
Helmbund 29
Henle, Anna 14 ff.
Herrenwies 86 f.
Herten 89
Hesse, Hermann 101
Hexental 91
Hofsgrund 87
Hohenkrähen 30 f., 32
Hohenleiter, Xaver 22, 24
Honstetten 35
Hotel Waldlust 66 ff.

I
Immendingen 31
Immenstadt 19
Institut für Grenzgebiete der Psychologie und Psychohygiene 9, 62 ff., 113

K
Karlsruhe 42, 50, 54, 66, 78, 86, 88, 104, 112, 124, 133
Katharinenkapelle 49, 53
Kaysersberg, Geiler von 51
Kenzingen 90 ff.
Kerner, Justinus 8 ff., 28, 101, 142 ff.
Kirchhofen 91
Kloster Maulbronn 98

Klösterle 37 f.
Knittlingen 128 f., 131
Konstanz 30, 34, 38, 42, 86, 104, 112,
Kreuzfelsen/Schatzstein 136
Kürnbach 145

L

Laiz 94 ff.
Leutkirch 16, 18 150
Liechtenstein 20
Lindau am Bodensee 14, 19 f., 22, 102, 146
Ludwigsburg 117, 119

M

Mainz 106
Markos, Elena 59 ff.
Meggen 102 f.
Melanchthon, Philipp 129
Memmingen 16
Merazhofen 102
Mesmer, Franz Anton 80
Milchhexe 50 f.
Mörike, Eduard 8, 10 f., 26 ff.
Mudau 104, 106
Mühlhausen 30 f.
Mühlheim an der Donau 108
Müllheim 126
München 14, 20, 61, 102 140
Münsingen 82 f.
Mutter Suspiria 59

N

Nendingen 110
Neudorf 112 ff.
Neuenstadt am Kocher 26 f., 29

Neuhausen auf den Fildern 118, 147, 149
Neusatz 112 f., 115
Nürnberg 74, 136, 140

O

Oberdischingen 116, 118 f.
Oberschwaben 18, 20, 37, 151
Odenthal, Lena 67
Öhningen 31
Oschwald, Ambros 86 ff.
Ostrach 24
Ottersweier 88, 115

P

Pestkreuze 42 ff.
Pfannenstiel 73
Pforzheim 46, 80, 98, 112
Pickford, Mary 68
Poltergeister 112 ff.
Poppele 30 ff.
Prevorst 81, 145

R

Radolfzell 31, 34
Ratzenried 103
Regensburg 38, 64
Reichenau 35, 84 ff.
Reute 152 f.
Roggenbeuren 23
Rottenburg 15, 17, 103, 151
Rottweil 109

S

Satteldorf 41
Schenk von Castell, Franz Ludwig 117, 119
Schlatt unter Krähen 31 f.
Schloss Bronnen 70 f.
Schnidenwind, Anna (geborene Trutt) 45 f.

Scholtz-Klink, Gertrude 71 f.
Schutterwald 124 ff.
Schwab, Gustav 24, 143
Schwedengrab 108, 111
Sigmaringen 70, 94 f., 97, 108
Singen 30 f.
Singen, Hansl von 56
St. Louis 126
Staufen 128, 130 f.
Stuttgart 22, 26 f., 36, 66, 74, 78, 80, 98, 100, 103, 128, 146

T

Tettnang 23
Todtnau 132, 134, 136
Todtnauberg 132 ff.
Totenmannstein 54 f.
Tranti, Pietro 18 ff.
Triberg 104 f.
Tübingen 77

U

Uhland, Ludwig 143
Ulm 22, 70, 94, 108, 116 f., 120, 146, 151
Unadingen 87

W

Waldsee 153
Weber, Josef 124 ff.
Weikersheim 138 ff.
Weinsberg 9, 28, 142
Welschenberg 111
Wiernsheim 79
Winzingen 146 f., 149
Wittnau 90 f.
Wolfegg 37
Wolpertswende 150 ff.
Würzburg 26, 140
Wyhl 45

Ebenfalls erhältlich ...

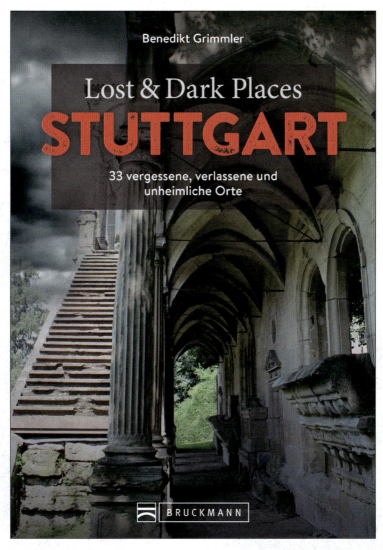

ISBN 978-3-7343-2443-7

Verschwundene Klöster, tote Alchemisten, versteckte bis weltberühmte Gefängnisse oder kaputte Erholungsstätten – entdecken Sie die dunkle Seite der Schwabenmetropole.

www.bruckmann.de

IMPRESSUM

Verantwortlich: Claudia Hohdorf
Lektorat: Tobias Keil
Korrektorat: Christiane Gsänger
Layout: BUCHFLINK Rüdiger Wagner
Covergestaltung: Mathias Frisch
Layout- und Reihengestaltung: Mathias Frisch
Kartografie: Bruckmann Verlag GmbH, Heidi Schmalfuß
Repro: LUDWIG:media
Herstellung: Alexander Knoll
Printed in Poland by CGS Printing

★★★★★

Sind Sie mit diesem Titel zufrieden? Dann würden wir uns über Ihre Weiterempfehlung freuen.
Erzählen Sie es im Freundeskreis, berichten Sie Ihrem Buchhändler, oder bewerten Sie bei Onlinekauf. Und wenn Sie Kritik, Korrekturen, Aktualisierungen haben, freuen wir uns über Ihre Nachricht an Bruckmann Verlag, Postfach 40 02 09, D-80702 München oder per E-Mail an lektorat@verlagshaus.de.

Unser komplettes Programm finden Sie unter

Alle Angaben dieses Werkes wurden vom Autor sorgfältig recherchiert und auf den neuesten Stand gebracht sowie vom Verlag geprüft. Für die Richtigkeit der Angaben kann jedoch keine Haftung übernommen werden, weshalb die Nutzung auf eigene Gefahr erfolgt. Insbesondere bei GPS-Daten können Abweichungen nicht ausgeschlossen werden. Sollte dieses Werk Links auf Webseiten Dritter enthalten, so machen wir uns die Inhalte nicht zu eigen und übernehmen für die Inhalte keine Haftung.
In diesem Buch wird aus Gründen der besseren Lesbarkeit das generische Maskulinum verwendet. Weibliche und anderweitige Geschlechteridentitäten werden dabei ausdrücklich mitgemeint, soweit es für die Aussage erforderlich ist.

Empfehlung der Redaktion Sie sind auf der Suche nach weiterführender Literatur? Dann empfehlen wir Ihnen den Titel »Lost & Dark Places Deutschland«.

Bildnachweis Alle Bilder im Innenteil stammen von Benedikt Grimmler,
Bild S. 50 mit freundlicher Genehmigung der Kath. Pfarrei Unserer Lieben Frau Eppingen

Umschlagvorderseite: Die Pestkreuze von Emmingen ob Egg (Kapitel 8)
Umschlagrückseite: Das ehemalige Waldbad Baienfurt (Kapitel 2)

Die Deutsche Nationalbibliothek verzeichnet diese Publikation in der Deutschen Nationalbibliografie; detaillierte bibliografische Daten sind im Internet über http://dnb.d-nb.de abrufbar.

© 2024 Bruckmann Verlag GmbH, Infanteriestraße 11a, 80797 München

ISBN 978-3-7343-2557-1